A B C D E F
G H I J K L
M N O P Q
R S T U V
W X Y Z

첫말잇기

(온가족) **영 단어·성구 암기장**

즐겁게 영어 1155단어 / 성구 20절 동시 암기하기

박남규 지음

나침반

성구글자 하나하나에
영어단어 하나하나씩!

영단어 암기 맘껏 즐기기!

신앙생활이 공부에 우선순위를 **빼앗긴**지 이미 오래전 일이 되어버렸다.

이런 현상이 심화되어 가는 세태 속에서, 시간과 장소의 제약 없이, 매일매일 가정에서든, 또는 틈새 시간에 매 주일마다 교회로 향하는 길에서든, 온가족이 성경구절들을 합창으로 암송하면서 수많은 영어단어도 자연스럽게 함께 암기할 수 있는 방법의 책이다.

전국의 모든 학생뿐만 아니라, 학부모와 그 가족들이 함께 성경구절을 암송하며, 하나님을 찬양하는 것과 영어공부가 동시에 가능할 수만 있다면, 영어공부를 위해 주일에도 학원으로 향하는 자녀들의 발걸음을 다시 교회로 향하게 할 수도 있지 않을까하는 간절한 소망을 품고 본 교재를 소개한다.

온가족 영단어장은, 구성방식이 기존의 단어장과 전혀 다르다.

고정관념을 깬 신개념학습교재로서, 싫증나는 영단어암기를 마치 게임하듯이 즐기면서 공부할 수 있도록 구성했다.

누구에게나 익숙하고 쉬운 정해진 연상스토리에 따라 암기할 단어를 자동으로 유추할 수 있고, 암기된 단어는 절대 잊어버릴 염려가 없으며, 암기한 단어 또한, 차례대로 기억해 낼 수 있다.

예를 들어 성경구절 우리말 글자 하나하나에 영단어가 하나씩 대응되어 있어서, 성구를 암송하면서 그 음절 하나하나에 대응된 수많은 영단어를 통째로 암기하는 것이 가능하다.

성경구절을 자주 암송할수록, 암기한 영단어의 숫자도 그에 비례해서 늘어나는 영단어암기법이다.

온가족 영단어 암기법의 효과는 놀라웠다.

실험대상자 모두가 단기간에 수많은 단어를 암기하는 능력을 보여주었다. 암기할 단어의 수가 아무리 많아도, 암기에 싫증을 느끼기보다는 흥미로워했고, 오랜 시간이 지난 후에도 암기한 단어들을 처음에 암기했던 차례대로 기억해냈다. 누구에게나 쉽고, 즐겁고, 호기심을 자극하는 동기유발적이고 효과적인 자기주도 학습방법이라는 사실이 입증되었다.

연상스토리에 따라 암기했던 단어를 복습하기가 쉽고, 치매나 기억상실증에 걸려 암기한 성경구절을 잊어버리지 않는 한, 그것에 대응된 영단어도 잊어버릴 염려가 없을 것이라는 확신도 하게 되었다.

따라서, 연상스토리에 따라 암기한 단어를 순서하나 틀리지 않고 수십 개, 수백 개, 더 나아가, 단어장 한권을, 통째로 암기할 수도 있고, 한글을 읽을 수 있는 능력만 있으면, 초등생은 물론이고 유치원생들조차도 혼자서도 척척 암기가 가능하며, 남녀노소 누구든지, 쉽게 영단어를 정복할 수 있다.

외국어영역 성적이 5~7등급에 지나지 않던, 영어공부와 담쌓았던, 저자의 둘째아들이, 단 1개월 남짓의 집중암기로 2014년 소위, SKY대학교(본교) 바이오의공학부(Mio-Medical Engineering Dept.)에, 그것도 수능성적 우수자 우선선발

전형으로 합격할 정도의 효과를 본 놀라운 학습법임이 입증되었다.

온가족 영단어 암기법은 여럿이 합창으로 구구단을 외우듯이 함께 암기할 수도 있기 때문에 오락게임을 하듯 즐기면서 공부할 수 있는 학습방법이다.

단기간에 원하는 만큼의 많은 단어를 암기할 수 있고, 암기한 것은 잊어버릴 염려가 없으므로 단어암기의 새로운 지평을 열어줄, 자동암기 평생기억(AUTO-MEMORY NEVER FORGOTTEN) 암기법이 될 것임을 확신한다.

영어공부에 너무나 많은 고문을 당해서, 다시 영어공부를 시도해 볼 용기조차 내지 못할 정도로 자신감이 위축된 많은 학습자들에게도 온가족 영단어암기법이 자신감과 흥미의 불씨를 되살리는 부싯돌이 될 수 있기를 바란다.

이제, 주일뿐만 아니라 평일에도 온종일, 성경구절을 암송하면서 영단어 암기에 푹 빠진 믿음의 사람들로 가득한 대한민국의 모습을 보는 날이 오기를 간절히 소망한다.

마지막으로 온가족 영단어장이 나오기까지 기도와 조언으로 도움주신 광림교회 담임 김정석 목사님, 성경인물 자료편집에 큰 도움 주신 전원석 교육국 목사님, 김봉겸 장로님과 이상옥권사님께, 그리고 늘 격려를 아끼지 않는 가족들에게 진심으로 감사를 드린다.

저자 **박남규**

이렇게 구성되어 있습니다

1 크리스천이라면 누구나 즐겨 암송하는 성경구절들을 연상하면서 첫말잇기 게임식으로 영단어 암기는 물론이고, 한글과 영어성경구절을 동시에 암송할 수 있게 했다. 각 단락은 단계 One, 단계 Two로 구성되어 있고, 각 단계 모두 동일한 성경구절이 사용되었다.

2 단계 One : 성경구절의 우리말 한 어구나 어절에 영단어가 하나씩!

성경구절의 각 어구나 어절들을 세로로 나열하고, 오른쪽에 그 어구나 어절과 동일한 뜻의 영단어가 각각 하나씩 대응되어 있다.

3 단계 Two : 성경구절의 글자 하나하나에 영단어가 하나씩!

성경구절의 글자 하나하나를 세로(사각형)로 나열하고, 각 글자들의 오른쪽에 영단어를 하나씩 대응시켰다. 이때, 대응된 각 영단어는 첫 발음(붉은색 단어)이나 우리말 뜻의 첫 발음(푸른색 단어)이 성경구절의 각 글자들과 같은 것들로 대응시킴으로써, 성경구절의 글자 하나하나를 통해 대응된 암기할 영단어를 쉽게 유추할 수 있게 했다.

4 우리말과 영어의 발음상의 차이로 인해 대응에 어려움이 있는 몇몇의 경우에는 약간의 수정을 통해 문제점을 극복했다.

5 발음기호를 읽을 줄 모르는 어린이도 혼자서 쉽게 발음법을 습득할 수 있도록, 각 단어 바로 아래에 발음기호뿐만 아니라, 우리말식 영어발음도 함께 수록했으며 가능한 한 영어발음에 가깝게 표현하려고 노력했다.

6 성경구절을 영어로도 공부할 수 있도록, 제시된 성경구절스토리단어가 시작되는 페이지에 우리말 성경구절과 영어성경구절을 나란히 수록했다.

7 단어암기스토리 성경구절들의 끝부분에 간헐적으로 수록된 인물탐구를 통해 자연스럽게 주요 성경인물에 대해서도 학습할 수 있다.

8 QR코드를 통해 블로그(http://blog.naver.com/joyvoca)에 접속해서 부가 서비스를 이용할 수 있다.

9 율동으로 재미있게 성경구절과 영단어를 암기하는 동영상을 통해 암기 능률을 더 높일 수 있다.

　독자가 개발한 게임과 율동으로 단어를 암기하는 동영상을 해당 블로그에 올려 주시면, 매달 우수 동영상에 선정된 분들께는 소정의 선물을 드리고, 여름방학이나 겨울방학 때 개최되는 온가족 성경구절 및 영단어암기 대회의 우수자로 선발된 분께는 해외연수 기회도 제공합니다.

말씀과 영어를 배우는 좋은 공부법

미국 인구의 2%밖에 안 되는 유태인들이 하버드대학 학생의 30%를 차지하고 있으며, 많은 유태인들이 다양한 분야에서 뛰어난 두각을 나타내고 있습니다. 이들에게 다른 민족보다 우월한 지능이나 유전적 요인이 있는 것은 아닙니다. 그들에게 있는 특별한 교육 방법이 세계를 이끌어가는 리더를 만든다고 합니다. 그중에 대표되는 것이 하나님의 말씀을 암기하는 교육 방법, 놀이를 통한 학습법입니다.

한국의 많은 부모님들이 자녀교육에 관심이 많습니다. 자녀교육에 있어 가장 중요한 것은 삶의 우선순위를 바로 하는 것인데, 이것은 신앙교육을 통해 이뤄질 수 있습니다. 유태인들처럼 말씀을 암기하고 예배드리며 신앙 안에서 자녀를 키울 때, 우리의 자녀들이 세계를 움직이는 탁월한 지도자들이 될 것입니다.

저는 온 가족 영어 단어장을 보며, 누구든지 쉽게 하나님의 말씀과 영어를 함께 배울 수 있는 좋은 공부 방법이라는 생각을 했습니다. 재밌게 성경을 외우며 자동적으로 영어 단어가 암기되니 어린이나 학생, 또 성인들에게도 특별히 교회학교에 권장하고 싶은 책입니다.

김정석 목사(광림교회 담임목사)

세상에 영향력을 끼치는 귀한 일꾼들

저자는 이 교재에서 제시한 방법을 그대로 적용하여 실험을 했고 예상을 뛰어넘는 만족한 효과를 직접 확인하였습니다. 이 교재는 저자의 신실한 신앙과 각고의 노력으로 이뤄냈으며 객관적으로 효율성이 입증된 영어 단어 암기의 방법론을 제시하고 있습니다.

더구나 이 교재에서 소개하는 단어 암기법은 공부시간의 확보를 위하여 주일 성수까지 포기했던 우리의 자녀들이 마음 놓고 주일에 하나님을 예배하며 하나님의 말씀과 찬양을 통해 자연스레 영어 단어를 암기할 수 있는 방법이기에 하나님을 믿는 사람들에게는 떼어 놓을 수 없는 필수품이 될 것입니다.

모쪼록 "여호와 하나님을 경외하는 것이 지식의 근본"(잠언 1장 7절)이요 "여호와 하나님은 지혜를 주시며 지식과 명철을 그 입에서 내심"(잠언 2장 6절)을 믿는 믿음으로 더 이상 길거리에서 지식과 지혜를 찾으려고 헤매는 헛고생을 말고, 하나님의 말씀을 붙들고 더불어 이 교재를 통하여 일석이조, 일거양득의 효과를 거두며 인생의 고비를 가볍게 넘어가 더 많은 시간으로 세상에 영향력을 끼치는 귀한 일꾼들이 되기를 바라는 마음으로 감히 이 교재를 추천합니다.

김봉겸 장로(변호사)

차례

●성구글자 하나하나에 영어단어 하나하나씩!

●이렇게 구성되어 있습니다

추천사1 말씀과 영어를 배우는 좋은 공부법
추천사2 세상에 영향력을 끼치는 귀한 일꾼들

1

창세기 1장 1절

태초에 하나님이 천지를 창조하시니라

In the beginning God created the heavens
and the earth. - Genesis 1:1

✛ 단어로 외우자!

1. **태**초에   태초, 처음, 시작, 최초 ㉱명   **beginning**
[bigínin]
비기닝

2. **하**나님이   하나님, 조물주, 창조주 ㉱명   **God**
[gɑd]
갓

3. **천**지를   천지, 하늘과 땅   **the heaven and the earth**
더 헤번 앤 디 어-뜨

4. **창**조하시니라   창조하다, 만들다, 고안하다 ㉱동   **create**
[kriéit]
크리에잇

첫 말 잇기로 외우자!

1	태	태스크, 일, 임무, 작업	명	**task** [tæsk] 태스크
2	초	초이스, 선택, 선정, 선택권	명	**choice** [tʃɔis] 초이스
3	에	에이드, 도움, 원조 ; 원조하다	명	**aid** [eid] 에이드

4	하	하늘나라, 천국, 낙원, 신, 하나님	명	**Heaven** [hévən] 헤번
5	나	나라, 왕국, 왕토, 신국, 영역	명	**Kingdom** [kíŋdəm] 킹덤
6	님	임금, 왕, 국왕, 그리스도	명	**King** [kiŋ] 킹
7	이	이멘스, 막대한, 무한한, 거대한	형	**immense** [iméns] 이 멘스

8	천	천국, 낙원, 지상낙원	명	**paradise** [pǽrədàis] 패러다이스
9	지	지녀스, 천재, 비상한 재주, 천성	명	**genius** [dʒíːnjəs] 지 - 녀 스
10	를	얼라우, 허락하다, 허가하다, 인정하다	동	**allow** [əláu] 얼라우

| 11 | 창 | 창조하다, 창시하다, 만들다 | 동 | **create** [kriéit] 크리에이트 |

12	조	조, 턱, 아래턱	명 **jaw** [dʒɔː] 조-
13	하	하디, 친절한, 따뜻한, 마음으로부터의,	형 **hearty** [hάːrti] 하-리
14	시	시즌, 계절, 철, 시즌, 한창 때	명 **season** [síːz-ən] 시-즌
15	니	니드, 필요, 소용, 결핍, 부족	명 **need** [niːd] 니-드
16	라	라이즈, 일어나다, 일어서다, 오르다, 기상하다	동 **rise** [raiz] 라이즈

마태 Matthew

〈하나님의 선물 / 마태복음 9장 9~13절〉

마태는 예수님의 12제자 중 한 사람이에요. 그는 마태복음을 썼답니다. 마태는 원래 세금을 받는 세리였어요.

어느 날 예수님은 마태에게 오셔서 '나를 따르라'고 부르셨어요. 그러자 마태는 예수님을 집으로 초대했어요. 그리고 예수님의 제자가 되었어요. 그래서 3년 동안 예수님과 같이 있다가 나중에 아시아와 유럽에서 복음을 전하던 중 순교를 하게 됩니다.

2

요한복음 3장 16절

하나님이 세상을 이처럼 사랑하사 독생자를 주셨으니
이는 그를 믿는 자마다 멸망하지 않고
영생을 얻게 하려 하심이라

For God so loved the world that he gave his one and
only Son, that whoever believes in him shall not perish
but have eternal life. - John 3:16

➕ 단어로 외우자!

1	**하**나님이	하나님, 조물주, 창조주 ㉐	**God** [gɑd] 갓
2	**세**상을	세상, 세계, 지구, 사람, 인류 ㉐	**world** [wəːrld] 워-얼드
3	**이**처럼	이처럼, 너무나, 너무도 ㉑	**so** [sou] 소우
4	**사**랑하사	사랑하다, 좋아하다, 아끼다 ㉐	**love** [lʌv] 러브
5	**독**생자를	독생자, 외아들, 유일한 아들	**his only son** 히즈 오운리 선
6	**주**셨으니	주다, 거저 주다, 드리다, 증여하다 ㉐	**give** [giv] 기브

7	**이**는	이것, 이 일, 이 물건, 여기, 이곳	대	**this** [ðis] 디스
8	**그**를	그를, 그에게, 그 사람을,	대	**him** [him] 힘
9	**믿**는	믿음, 신앙, 신념, 참된 신앙	명	**faith** [feiθ] 뻬이뜨
10	**자**마다	자, 사람, 개인 ; 개개의, 개인적인	명	**individual** [indəvídʒuəl] 인더비주얼
11	**멸**망하지않고	멸망하다, 썩어 없어지다, 사라지다	동	**perish** [périʃ] 페리쉬
12	**영**생을	영생, 영원한 생명, 영원히 죽지 않는 삶		**eternal life** 이터-늘 라잎

13	**얻**게	얻다, 획득하다, 받다, 벌다 ⑧	**get** [get] 겟
14	**하**려하심이라	하려고 마음먹다, 목표삼다 ⑧	**aim** [eim] 에임

사라 Sarah

〈여러 민족의 어머니 / 창세기 12~23장〉

사라는 아브라함의 부인이고 이삭의 어머니에요.

65살 때 아브라함과 함께 가나안으로 갔어요. 하지만 그녀에게는 자녀가 없었어요. 그래서 아브라함에게 하갈이라는 여종을 주어 이스마엘이라는 아들을 낳게 했어요.

그러나 하나님은 사라가 89살 때 나타나셔서 그녀에게 아들을 주시겠다고 약속하셨고 여러민족의 어머니가 되게 해주시겠다고 말씀하셨답니다.

이렇게 해서 태어난 아들이 이삭이었습니다.

➕ 첫 말 잇기로 외우자!

1	하	하늘나라, 천국, 낙원, 신, 하나님	명	**Heaven** [hévən] 헤 번
2	나	나라, 왕국, 왕토, 신국, 영역	명	**Kingdom** [kíŋdəm] 킹 덤
3	님	임금, 왕, 국왕, 그리스도	명	**King** [kiŋ] 킹
4	이	이잇, 먹다, 식사하다	동	**eat** [iːt] 아-잇

5	세	세미빠이늘, 준결승	명	**semifinal** [sèmifáinəl] 세미빠이늘
6	상	상대, 배우자, 자기편, 한패, 협동자, 한동아리	명	**partner** [páːrtnər] 파-트너
7	을	얼터, 알터, 바꾸다, 변경하다, 개조하다	동	**alter** [ɔ́ːltər] 어-얼터

8	이	이커나믹, 경제적인, 이익이 남는	형	**economic** [ìːkənámik] 이-커나믹
9	처	처치야드, 묘지, 교회 마당	명	**churchyard** [tʃəːrtʃjɑ̀ːrd] 처-치야-드
10	럼	럼버, 나무, 목재, 재목, 제재목	명	**lumber** [lʌ́mbər] 럼 버

11	사	사이트, 광경, 시각, 조망	명	**sight** [sait] 사이트

12	랑	앙망하다, 앙모하다, 올려다 보다		look up to ~ 루 껍 투
13	하	**하소연하다,** 불평하다, 한탄하다, 호소하다	동	**complain** [kəmpléin] 컴플레인
14	사	**사이클,** 순환, 한 바퀴, 주기, 순환기	명	**cycle** [sáikl] 사이클

15	독	**독트린, 닥트린,** 교리, 주의, 학설, 신조	명	**doctrine** [dɔ́ktrin / dɑ́k-] 독트린 / 닥트린
16	생	**생기 있는,** 생생한, 활동적인, 활기 있는	형	**active** [ǽktiv] 액티브
17	자	**자질,** 성질, 특성, 품질	명	**quality** [kwáləti] 콸 러 디
18	를	**얼웨이즈,** 늘, 언제나, 항상, 전부터	부	**always** [ɔ́:lweiz] 어-얼웨이즈

19	주	**주얼,** 보석, 귀중품, 귀금속	명	**jewel** [dʒúːəl] 주-얼
20	셨	**셨터, 셔터,** 개폐기, (사진기의) 셔터, 덧문, 겉문	명	**shutter** [ʃʌ́təːr] 셔러-
21	으	**어크로스,** 가로 건너서, 저쪽에	부	**across** [əkrɔ́:s] 어크로-스
22	니	**니들,** 바늘, 바느질 바늘	명	**needle** [níːdl] 니-들

23	이	**이큅먼트,** 장비, 설비, 비품	명	**equipment** [ikwípmənt] 이큅먼트

24	는	언와이즈, 지각없는, 지혜가 없는, 어리석은	형	**unwise** [ʌnwáiz] 언와이즈
25	그	그라울, 으르렁거리는 소리 ; 으르렁거리다, 고함치다	명	**growl** [graul] 그라울
26	를	얼개, 구조, 조직, 구성, 체계	명	**structure** [strʌ́ktʃəːr] 스뜨럭쳐-
27	믿	믿트, 밋, 여성용 긴 장갑, 수갑	명	**mitt** [mit] 밑
28	는	언두, 원상태로 돌리다, 취소하다, 풀다, 끄르다	동	**undo** [ʌndúː] 언두-
29	자	자다, 잠자다, 활동하지 않다	동	**sleep** [sliːp] 슬리-입
30	마	마우스, 생쥐, 겁쟁이	명	**mouse** [maus] 마우스
31	다	다이빙, 잠수	명	**diving** [dáiviŋ] 다이빙
32	멸	멸시, 경멸, 모욕, 치욕, 체면손상	명	**contempt** [kəntémpt] 컨템트
33	망	망쳐놓다, 결딴내다, 못쓰게 만들다, 손상하다	동	**spoil** [spɔil] 스뽀일
34	하	하-비-잇, 심장박동, 심장고동	명	**heartbeat** [háːrt-bìːt] 하-비-트
35	지	지방, 구역, 지대	명	**region** [ríːdʒ-ən] 리-�

36	앉	**안다,** 꼭 껴안다, 품다, 축복하다	⑧	**hug** [hʌg] 허그
37	고	**고향,** 출생지	⑲	**hometown** [hóum-taun] 호움타운

38	영	**영원히,** 영구히, 끊임없이, 언제나	⑭	**forever** [fərévə:ɾ] 뻐레버-
39	생	**생각하다,** 상상하다, 마음에 그리다	⑧	**think** [θiŋk] 띵크
40	을	**얼라밍,** 놀라운, 걱정스러운, 급박한	⑲	**alarming** [əlá:ɾmiŋ] 얼라-밍

41	얼	**얼터,** 전적인, 완전한, 철저한	⑲	**utter** [ʌtəɾ] 어러
42	게	**게더롱위드,** ~와 친하게 지내다		**get along with ~** 게 더 롱 위드

43	하	**하이스꿀,** 고등학교		**high school** 하이 스꾸-울
44	려	**여걸,** 여장부, 여주인공	⑲	**heroine** [hérouin] 헤로인

45	하	**하뜨,** 난로, 화덕, 노변	⑲	**hearth** [hɑ:ɾθ] 하-뜨
46	심	**심오한,** 깊은, 밑바닥의, 뜻 깊은	⑲	**profound** [prəfáund] 프러빠운드
47	이	**이매진,** 상상하다, 추측하다	⑧	**imagine** [imǽdʒin] 이매진

인물
탐구

루디아 Lydia

⟨루디아에서 온 여인, 하나님을 섬기는 자 / 사도행전 16장 11~40절⟩

루디아는 마게도냐라는 곳에서 비단을 팔았던 여인이에요.

그녀는 상당한 부자였어요.

어느 날 바울과 실라가 마게도냐에 도착했어요.

그 당시 마게도냐는 로마가 다스리고 있었는데 바울과 실라가 두 번째 전도 여행을 하던 중 첫 번째로 도착한 곳이에요. 그들이 안식일날 기도할 곳을 찾으려고 강가로 나갔을 때 거기에는 많은 여자들이 모여 있었어요.

그래서 그들이 복음을 전하자 루디아가 복음을 믿게 되었고 그의 가족들이 전부 세례를 받았어요. 그래서 루디아의 가정이 중심이 되어 유럽에 첫 교회가 세워지게 되었는데 그 교회가 바로 빌립보교회에요.

3

요한복음 1장 12~13절

영접하는 자 곧 그 이름을 믿는 자들에게는 하나님의 자녀가 되는
권세를 주셨으니 이는 혈통으로나 육정으로나 사람의
뜻으로 나지 아니하고 오직 하나님께로부터 난 자들이니라

Yet to all who received him, to those who believed in
his name, he gave the right to become children of God
— children born not of natural descent, nor of human
decision or a husband's will, but born of God.
- John 1:12~13

✚ 단어로 외우자!

1	**영**접하는 자	영접하다, 받아들이다, 받다	동	**receive** [risíːv] 리시-브
2	**곧**	곧, 즉, 다시 말하면, 다른 말로 하면		**in other words** 인 아더 워즈
3	**그** 이름을	그 이름, 그의 이름		**his name** 히즈 네임
4	**믿**는	믿다, 여기다, 신용하다, 신뢰하다	동	**believe** [bilíːv] 빌리-브
5	**자**들에게	자들, 사람들, 남자들 ; man의 복수	명	**men** [men] 멘
6	**하**나님의	하나님, 조물주, 창조주	명	**God** [gɑd] 갓

7	**자**녀가	자녀, 자식, 아이들, 어린이들 (명)	**children** [tʃíldrən] 칠드른
8	**되**는	되다, ~으로 되다, 생기다 (동)	**become** [bikʌ́m] 비컴
9	**권**세를	권세, 권리 ; 올바른, 옳은 (명)	**right** [rait] 라잇
10	**주**셨으니	주다, 거저 주다, 드리다, 증여하다 (동)	**give** [giv] 기브
11	**이**는	이것, 이 일, 이 물건, 이곳, 여기 (대)	**this** [ðis] 디스
12	**혈**통으로나	혈통, 가계, 출신, 하강, 내리기 (명)	**descent** [disént] 디 센 트

13	**육**정으로나	육정 사람의 결정 인간의 결정		**human decision** 유-먼 디시즌
14	**사**람의	사람, 인간, 인물, 등장인물	명	**person** [pə́ːrsən] 퍼슨
15	**뜻**으로	뜻, 의지, 의도, 유언	명	**will** [wil] 윌
16	**나**지	나다, 태어나다, 탄생하다		**be born** 비 보-온
17	**아**니하고	아니야 그런 것야! 그런 것이 아니야		**It is not so!** 이 디즈 낫 소
18	**오**직	오직, 단지 ; 유일한, ~뿐의	부	**only** [óunli] 오운리

19	**하**나님께로 부터	하나님, 조물주, 창조주 ㉐	God [gɑd] 갓
20	**난**	난, 태어난, 타 고난, 선천적인 ㉑	born [bɔːrn] 보-온
21	**자**들이니라	자들, 사람들, 그 사람들, 그것들 ㉡	those [ðouz] 도우즈

첫 말 잇기로 외우자!

1	영	영예, 영광, 명예, 명성, 경의, 존경	명 **honor** [ánəɾ] 아 너
2	접	접다, 접어 포개다 ; 주름	동 **fold** [fould] 뽀울드
3	하	~하는 것이 더 낫다. had better stay home 집에 있는 게 더 낫다.	**had better** ~ 해더 베더
4	는	언에이블, 할 수 없는, 능력 없는	형 **unable** [ʌnéibəl] 언에이블

5	자	자스트빠이, 정당화하다, 옳다고 하다	동 **justify** [dʒʌstəfài] 자스트빠이

6	곧	곧은, 일직선의, 수직의, 직접의	형 **straight** [streit] 스뜨레잇

7	그	그랜페런트, 조부모, 할아버지와 할머니	명 **grandparent** [grǽndpɛ̀ərənt] 그랜페런트

8	이	이스트, 동쪽, 동방	명 **east** [iːst] 이-스트
9	름	음식점, 요리점	명 **restaurant** [rést-ərənt] 레스트런트
10	을	얼라이, 동맹[결연, 연합 ; 제휴]하게 하다	동 **ally** [əlái, ǽlai] 얼라이, 앨라이

11	믿	믿셔네리, 미셔너리, 선교사, 전도사	명 **missionary** [míʃ-ənèri] 미셔네리

12	는	언매리드, 미혼의, 독신의	형	**unmarried** [ʌnmǽrid] 언매리드
13	자	자, 항아리, 단지	명	**jar** [dʒɑːr] 자-
14	들	**들어 올리다,** 끌어 올리다, 일으키다, 기르다	동	**raise** [reiz] 레이즈
15	에	에브리띵, 모든 것, 무엇이나	대	**everything** [évri:-θìŋ] 에브리-띵
16	게	**게돔, 겟홈,** 집에 도착하다, 들어가다		**get home** 게돔 / 겟홈
17	는	언빌리쁘, 불신앙, 불신, 의혹	명	**unbelief** [ʌnbilíːf] 언 빌 리-쁘
18	하	**하늘나라,** 천국, 낙원, 신, 하나님	명	**Heaven** [hévən] 헤 번
19	나	**나라,** 왕국, 왕토, 신국, 영역	명	**Kingdom** [kiŋdəm] 킹 덤
20	님	임금, 왕, 국왕, 그리스도	명	**King** [kiŋ] 킹
21	의	**의리,** 충절, 충의, 충성	명	**loyalty** [lɔ́iəlti] 로이열티
22	자	**자랑,** 자만심, 긍지, 오만, 거만	명	**pride** [praid] 프라이드
23	녀	**여러 번,** 자주, 빈번히	부	**frequently** [fríːkwəntli] 쁘리퀀틀리

24	가	가난한, 불쌍한, 부족한	형	**poor** [puəɾ] 푸어
25	되	**되감다**, 다시 감다 ; 되감기, 되감는 장치,	동	**rewind** [ríwàind] 리와인드
26	는	**언틸**, ~까지, ~에 이르기 까지	전	**until** [əntíl] 언틸
27	권	**권력,** 힘, 능력, 지배력	명	**power** [páuəɾ] 파우어
28	세	세퍼드, 양치는 사람, 목자, 목동	명	**shepherd** [ʃépəːɾd] 세퍼-드
29	를	얼서, 궤양, 종기	명	**ulcer** [ʌlsəɾ] 얼서
30	주	주우스, 즙, 액	명	**juice** [dʒuːs] 주-스
31	셨	**셨틀,** 셔틀, 왕복운행열차, 버스	명	**shuttle** [ʃʌtl] 셔틀
32	으	어뮤즈먼트, 즐거움, 위안, 재미	명	**amusement** [əmjúːzmənt] 어뮤즈-먼트
33	니	**이교도,** 우상숭배자, 무종교인	명	**pagan** [péigən] 페이건
34	이	이모셔널, 감정의, 감정적인	형	**emotional** [imóuʃənəl] 이모우셔늘
35	는	**언랲,** 포장을 풀다, 끄르다, 열다	동	**unwrap** [ʌnrǽp] 언랲

36	혈	**혈액,** 피, 생피, 생명	명	**blood** [blʌd] 블러드
37	통	**통지,** 통고, 신고, 주의, 주목	명	**notice** [nóutis] 노우티스
38	으	**어텐드,** 출석하다, 참석하다, 수행하다	동	**attend** [əténd] 어 텐드
39	로	**로그,** 통나무, 원목, 땔나무	명	**log** [lɔ(:)g, lɑg] 로(-)그, 라그
40	나	**나트,** 낫, 매듭, 무리, 혹, 군살	명	**knot** [nɑt] 낫

41	육	**육지,** 대륙, 본토	명	**continent** [kántənənt] 칸 터 넌 트
42	정	**정크뿌드,** 즉석식품, 칼로리는 높고 영양가는 낮은 음식, 시시한 음식		**junk food** 정크 뿌드
43	으	**어그리,** 동의하다, 승낙하다, 응하다	동	**agree** [əgríː] 어그리-
44	로	**로열,** 충성스러운, 성실한, 충실한	형	**loyal** [lɔ́iəl] 로이얼
45	나	**나인틴뜨,** 열아홉 번째	명	**nineteenth** [náintíːnθ] 나 인 티 - 인 뜨

46	사	**사이,** 한숨, 탄식 ; 한숨 쉬다, 탄식하다	명	**sigh** [sai] 사 이
47	람	**암호,** 부호, 약호, 법전	명	**code** [koud] 코우드

48	의	의미하다, 뜻하다, 의도하다	동	**mean** [miːn] 미-인
49	뜻	뜻밖의, 우연한, 우발적인, 고의가 아닌	형	**accidental** [æksidéntl] 액 시 덴 틀
50	으	어프로우치, 접근하다, 가까이가 다 ; 접근	동	**approach** [əpróutʃ] 어 프 로 우 치
51	로	로우드, 짐, 부담, 근심, 걱정	명	**load** [loud] 로 우 드
52	나	나잇, 밤, 야간	명	**night** [nait] 나잇
53	지	지난 ~, 맨 마지막의, 최근의	형	**last** [læst] 래 스 트
54	아	아이들, 우상, 신상, 숭배하는 사람	명	**idol** [[áidl] 아 이 들
55	니	니틀리, 깨끗이, 말쑥하게	부	**neatly** [níːtli] 니-틀 리
56	하	하이버네이트, 겨울잠을 자다	동	**hibernate** [háibəɹnèit] 하 이 버 네 이 트
57	고	고울, 골, 결승점, 목적	명	**goal** [goul] 고 울
58	오	오삐스, 사무소, 임무, 직무, 관공서	명	**office** [ɔ́(ː)fis, áf-] 오(-)삐스, 아-
59	직	직무상의, 공무상의, 공식의	형	**official** [əfíʃəl] 어삐셜

60	하	하늘나라, 천국, 낙원, 신, 하나님	명	**Heaven** [hévən] 헤 번
61	나	나라, 왕국, 왕토, 신국, 영역	명	**Kingdom** [kíŋdəm] 킹 덤
62	님	임금, 왕, 국왕, 그리스도	명	**King** [kiŋ] 킹
63	께	~께, 폐하, 왕, 각하, 주권, 권위, 존엄	명	**majesty** [mǽdӡisti] 매지스티
64	로	로드, 길, 도로, 진로, 방법, 수단	명	**road** [roud] 로 우 드
65	부	부피, 용적, 크기, 분량	명	**volume** [válju:m] 발류-움
66	터	터쁘, 강인한, 단단한, 튼튼한	형	**tough** [tʌf] 터 쁘

| 67 | 난 | 난로, 스토브, 난방기 | 명 | **stove** [stouv] 스또우브 |

68	자	자극, 격려, 고무, 자극물, 흥분제	명	**stimulus** [stímjələs] 스띠멸러스
69	들	들러붙다, 달라붙다, 떨어지지 않다	동	**stick** [stik] 스띡
70	이	이스께잎, 도망, 탈출 ; 달아나다	명	**escape** [iskéip] 이스께잎
71	니	이층, 2층		**the second floor** 더 세컨드 쁠로어

니고데모 Nicodemus

〈백성의 정복자, 권위자 / 요한복음 3장〉

니고데모는 바리새인이고 산헤드린 공회의 회원이었어요.

오늘날로 말하면 국회의원이었지요.

그는 어느 날 밤 예수님을 찾아와서 "어떻게 하면 영원히 살 수 있나요?"라고 물었어요.

그러자 예수님은 "사람이 거듭나지 아니하면 하나님의 나라를 볼 수 없고 물과 성령으로 나지 아니하면 하나님 나라에 들어갈 수 없다"고 말씀하셨어요.

니고데모는 그때 예수님을 믿어 하나님의 자녀로 거듭났습니다.

4

로마서 10장 9절

네가 만일 네 입으로 예수를 주로 시인하며
또 하나님께서 그를 죽은 자 가운데서 살리신 것을
네 마음에 믿으면 구원을 받으리라

That if you confess with your mouth, "Jesus is Lord,"
and believe in your heart that God raised him from
the dead, you will be saved.
- Romans 10:9

단어로 외우자!

1	**네**가 만일	네가 만일, 만약 네가	**If you** 이 퓨-
2	**입**으로	네 입, 너의 입	**your mouth** 유어 마우뜨
3	**예**수를	예수님, 예수 그리스도 (명)	**Jesus** [dʒiːzəs] 지-저스
4	**주**로	주, 주인, 지배자, 군주, 하나님 (명)	**Lord** [lɔːrd] 로-드
5	**시**인하면	시인하다, 고백하다, 인정하다 (동)	**confess** [kənfés] 컨뻬스
6	**또**	또, 그리고, 그러면, 그래서 (접)	**and** [ænd] 앤드

7	하나님께서	하나님, 조물주, 창조주	명	God [gɑd] 갓
8	그를	그를, 그에게, 그 사람을, 그 사람에게	대	him [him] 힘
9	죽은 자	죽은 자들, 죽은 사람들, 사자들		the dead 더 데드
10	가운데서	~가운데서, ~로부터, ~에서	전	from [frʌm] 쁘럼
11	살리신 것을	살리다, 되살리다 올리다 끌어 올리다	동	raise [reiz] 레이즈
12	네 마음에	네 마음, 너의 마음		your heart 유어 하-트

13	**믿**으면	믿다, 여기다, 신용하다	동	**believe** [bilíːv] 빌리-브
14	**구**원을	구원, 구조, 구제, 안심, 위안	명	**relief** [rilíːf] 릴리-쁘
15	**받**으리라	받다, 받아들이다, 수락하다	동	**receive** [risíːv] 리시-브

첫 말 잇기로 외우자!

1	네	**네이버**, 이웃, 이웃사람, 이웃 집	명 **neighbor** [néibə*r*] 네이버
2	가	**가디언**, 감시인, 관리인, 보호자	명 **guardian** [gá:*r*diən] 가-디언
3	만	**만뜰리**, 매달의, 달마다	형 **monthly** [mʌ́nəli] 만뜰리
4	일	**일루미네이션**, 조명, 조명도, 계몽, 계발	명 **illumination** [ilùːmənéiʃən] 일루-미네이션
5	네	**네퓨**, 조카, 생질	명 **nephew** [néfju] 네퓨
6	입	**입학**, 입장료, 용인, 승인	명 **admission** [ædmíʃən, əd-] 애드미션/어드미션
7	으	**어트랙션**, 매력, 끄는 힘, 유혹	명 **attraction** [ətrǽkʃən] 어트랙션
8	로	**로**, 생것의, 날것의, 가공하지 않은	형 **raw** [rɔ:] 로-
9	예	**예수 그리스도**, 구세주	명 **Jesus** [dʒíːzəs] 지-저스
10	수	**수퍼스타**	명 **Superstar** [súːpə*r*stàː*r*] 수-퍼스따-
11	를	**얼개**, 얼거리, 뼈대, 구조, 구성, 틀	명 **framework** [fréimwə̀ː*r*k] 쁘레임워-크

| 12 | 주 | 주인, 지배자, 군주, 하나님, 주, 그리스도 | 명 | **Lord** [lɔːrd] 로-드 |
| 13 | 로 | 로우케이트, 위치하다, 위치를 정하다, 위치를 알아내다 | 동 | **locate** [lóukeit] 로우케이트 |

14	시	시스템, 체계, 계통, 시스템, 조직, 방식	명	**system** [sístəm] 시스템
15	인	인터내셔늘, 국제적인, 국제의, 만국의	형	**international** [intərnǽʃənəl] 인너내셔늘
16	하	하-안트, 따라다니며 괴롭히다	동	**haunt** [hɑːnt] 하-안트
17	며	머미, 미라, 바싹 마른 시체[물건]	명	**mummy** [mʌ́mi] 머미

| 18 | 또 | 또틀리스, 생각이 없는, 분별없는, 부주의한 | 형 | **thoughtless** [θɔ́ːtlis] 또-틀리스 |

19	하	하늘나라, 천국, 낙원, 신, 하나님	명	**Heaven** [hévən] 헤 번
20	나	나라, 왕국, 왕토, 신국, 영역	명	**Kingdom** [kíŋdəm] 킹 덤
21	님	임금, 왕, 국왕, 그리스도	명	**King** [kiŋ] 킹
22	께	~께, 폐하, 왕, 각하, 주권, 권위, 존엄	명	**majesty** [mǽdʒisti] 매지스디
23	서	서포우즈, 가정하다, 상상하다, 추측하다	동	**suppose** [səpóuz] 서포우즈

| 24 | 그 | 그레이스, 은혜, 은총, 세련, 호의 | 명 | **grace** [greis] 그레이스 |
| 25 | 를 | 얼람, 경보, 놀람, 알람 | 명 | **alarm** [əláːrm] 얼라-암 |

| 26 | 죽 | 죽, 내내, ~동안, 전체에 걸쳐서 | 전 | **throughout** [θruːáut] 뜨루-아웃 |
| 27 | 은 | 은혜, 호의, 친절, 사랑 | 명 | **favor** [féivər] 뻬이버 |

| 28 | 자 | 자세히 조사하다, 대조하다 | | **check up** 첵 껍 |

29	가	가십, 잡담, 한담, 수다	명	**gossip** [gásip] 가십
30	운	운전하다, 몰다, 쫓다, 몰아내다	동	**drive** [draiv] 드라이브
31	데	데이트, 날짜, 연월일, 기일	명	**date** [deit] 데이트
32	서	서플라이, 공급하다, 지급하다, 배달하다	동	**supply** [səplái] 서플라이

33	살	살리드, 솔리드, 든든한, 견고한, 확고한	형	**solid** [sálid / sɔ́l-] 살리드/솔리드
34	리	리더, 지도자, 선도자, 주장, 대장	명	**leader** [líːdəːr] 리-더-
35	신	신뿔, 죄 많은, 죄 있는, 죄스러운	형	**sinful** [sínfəl] 신뻘

36	것	**거짓,** 속임, 책략, 사기, 허위	명	**deceit** [disíːt] 디시-트
37	을	**얼,** 모든, 전부의, 모두, 일체	형	**all** [ɔːl] 어얼
38	네	**네이티브,** 원주민, 토착민, 토박이	명	**native** [néitiv] 네이티브
39	마	**마아더,** 순교자, 희생자	명	**martyr** [máːrtəːr] 마-더-
40	음	**음미,** 맛보기, 시음, 취미, 취향	명	**taste** [teist] 테이트스
41	에	**에니띵,** 무언가, 어떤 것도, 마무 것도, 무엇이든	대	**anything** [éniθiŋ] 애 니 띵
42	밑	**밑스언더스땐드,** 오해하다, 잘못 생각하다	동	**misunderstand** [mìsʌndəːrstǽnd] 미스언더-스땐드
43	으	**어쁘레이드,** 두려워하는, 무서워 하는	형	**afraid** [əfréid] 어쁘레이드
44	면	**면화.** 솜	명	**cotton** [kátn] 카 튼
45	구	**구스,** 거위	명	**goose** [guːs] 구-스
46	원	**원 바이 원,** 하나씩, 차례로, 한 사람씩		**one by one** 원 바이 원
47	을	**얼라암,** 경보, 놀람, 알람	명	**alarm** [əláːrm] 얼라-암

48	받	**받침**, 받침대, 덧대는 것	명	**pad** [pæd] 패 드
49	으	**어택**, 공격하다, 습격하다, 비난하 다, 공격	동	**attack** [ətǽk] 어택
50	리	**리무브**, 옮기다, 이전하다, 제거하 다, 치우다	동	**remove** [rimúːv] 리무-브
51	라	**라즈**, 큰, 넓은	형	**large** [lɑːrdʒ] 라-즈

디모데 Timothy

〈하나님을 공경하다 / 디모데전·후서〉

디모데는 사도바울의 믿음의 아들입니다.

바울은 2차 전도여행 때 소아시아의 루스드라에서 디모데를 만났습니다. 디모데의 어머니는 유니게 유대인 여자이고, 아버지는 헬라인이였습니다. 어머니와 그의 외할머니 로이스가 그리스도인으로 바울의 1차 전도여행을 통해서 복음을 듣고 예수그리스를 믿은 신실한 신앙이 됐습니다. 그러므로 디모데는 어려서부터 말씀으로 교육을 잘 받고 믿음 안에서 성장했습니다(딤후 1:5).

디모데는 하나님을 공경하는 충성된 믿음의 사람이였습니다. 디모데는 하나님과 바울과 교회에 충성된 일꾼으로 살았습니다.

5

에베소서 2장 8~9절

너희는 그 은혜에 의하여 믿음으로 말미암아 구원을 받았으니 이 것은 너희에게서 난 것이 아니요 하나님의 선물이라 행위에서 난 것이 아니니 이는 누구든지 자랑하지 못하게 함이라

For it is by grace you have been saved, through faith
— and this not from yourselves, it is the gift of God —
not by works, so that no one can boast.
- Ephesians 2:8-9

단어로 외우자!

1	**너**희는	너희는, 너는, ⑷ 당신은,	**you** [juː] 유-
2	**그** 은혜에 의 하여	그 은혜에 의하 여, 은혜로	**by grace** 바이 그레이스
3	**믿**음으로	믿음, 신앙, 신 ⑼ 념, 신뢰	**faith** [feiθ] 뻬이뜨
4	**말**미암아	말미암아, ~ ㉑ 을 통해서	**through** [θruː] 뜨루-
5	**구**원을	구원하다, 구하다, ⑧ 건지다, 절약하다	**save** [seiv] 세이브
6	**받**았으니	받다, 받아들이 ⑧ 다, 응하다	**receive** [risíːv] 리시-브

7	**이**것은	이것, 이 물건, 여기, 이곳	대	**this** [ðis] 이-스트
8	**너**희에게서	너희자신, 너 자신, 당신자신	대	**yourself** [juə:rsélf] 유 어 - 셀 쁘
9	**난**것이 아니요	난, 태어난, 타고난, 선천적인	형	**born** [bɔːrn] 보-온
10	**하**나님의	하나님, 조물주, 창조주	명	**God** [gɑd] 갓
11	**선**물이라	선물, 재능, 적성, 재주, 솜씨	명	**gift** [gift] 기쁘트
12	**행**위에서	행위, 행동, 활동, 작용, 작동	명	**action** [ǽkʃən] 액션

13	난 것이 아니니	난, 태어난, 타 고난, 선천적인	형	**born** [bɔːʳn] 보-온
14	이 는	이는, 이것은, 이 물건은, 여기는, 이곳은	대	**this** [ðis] 디스
15	누 구든지	누구든지, 누구 라도, 누군가	대	**anyone** [éniwʌn] 에니원
16	자 랑하지	자랑하다, 떠벌리 다, 큰소리치다	동	**boast** [boust] 보우스트
17	못 하게 함이라	못하게 하다, 막 다, 방해하다	동	**prevent** [privént] 프리벤트

첫 말 잇기로 외우자!

1	너	너쳐, 양육, 양성, 훈육 ; 양육하다	명	**nurture** [nə́ːrtʃəːr] 너-쳐-
2	희	히스토리, 역사, 경력, 유래	명	**history** [hístəri] 히스터리
3	는	언컨셔스, 모르는, 무의식의	형	**unconscious** [ʌnkánʃəs] 언칸셔스

4	그	그랜드, 으리으리한, 호화로운, 광대한	형	**grand** [grænd] 그랜드

5	은	은하, 은하수, 은하계	명	**galaxy** [gǽləksi] 갤럭시
6	혜	혜성, 살벌	명	**comet** [kámit] 카미트
7	에	에얼라인, 항공로, 항공회사	명	**airline** [ɛər-làin] 에얼라인

8	의	의복, 의류, 피복	명	**clothing** [klóuðiŋ] 클로우딩
9	하	하우머치 이즈 잇? 그것 얼마예요?		**How much is it?** 하우 머치 이즈 잇
10	여	여가시간		**spare time** 스뻬어 타임

11	밀	밀스트리스, 미스트리스, 여주인, 주부	명	**mistress** [místris] 미스츠리스

12	음	음료, 마실 것	몡	**beverage** [bévərid3] 베버리지
13	으	어마운트, 양, 총계, 총액	몡	**amount** [əmáunt] 어마운트
14	로	로직, 라직, 논리, 논법, 조리, 도리	몡	**logic** [lɔdʒik / ládʒ-] 로직 / 라직

15	말	말끔히, 완전히, 아주	부	**entirely** [intáiəʌli] 인타이얼리
16	미	미러, 거울 , 본보기, 귀감	몡	**mirror** [mírəʌ] 미러
17	암	암, 팔, 팔걸이	몡	**arm** [ɑːʌm] 아-암
18	아	아이언, 철, 다리미	몡	**iron** [áiəʌn] 아이언

19	구	구하다, 구걸하다, 빌다, 청하다	동	**beg** [beg] 베그
20	원	원더, 완더, 유랑하다, 방랑하다, 배회하다	동	**wander** [wɔ́ndəːr / wɑ́n-] 원더- / 완더-
21	을	얼룩지지 않은, 녹슬지 않는	형	**stainless** [stéinlis] 스떼인리스

| 22 | 받 | 받아들이다, 수락하다, 수납하다 | 동 | **accept** [æksépt] 액셉트 |
| 23 | 았 | 앗티스틱, 아티스틱, 예술의, 미술의, 예술적인 | 형 | **artistic** [ɑːʌtístik] 아-티스틱 |

24	으	**어라이블,** 도착, 도달, 출현	명	**arrival** [əráivəl] 어라이블
25	니	**니글렉트,** 게을리 하다, 무시하다, 소홀히 하다	동	**neglect** [niglékt] 니글렉트
26	이	**이삐션시,** 능률, 능력, 유능, 유효성	명	**efficiency** [ifíʃənsi] 이쀠션시
27	것	**거간,** 중개인, 중매인	명	**broker** [bróukər] 브로우커
28	은	**은화**		**silver coin** 실버- 코인
29	너	**너-스,** 간호사, 유모, 간호인	명	**nurse** [nəːrs] 너-스
30	희	**히스떼릭클,** 병적으로 흥분한, 아주 우스꽝스러운	형	**hysterical** [histérikəl] 히스데리클
31	에	**에비든스,** 증거	명	**evidence** [évidəns] 에비든스
32	게	**게인,** 이익, 이득, 수익	명	**gain** [gein] 게인
33	서	**서머,** 여름	명	**summer** [sʌ́mər] 서머
34	난	**난스땁, 논스똡,** 안 쉬는, 도중에 멎지 않는, 직행의	형	**nonstop** [nάnstάp / nɔ́nstɔ́p] 난스땁 논스톱
35	것	**거래,** 무역, 교역, 매매	명	**trade** [treid] 츠레이드

36	이	**이너디션,** 게다가, 그 위에, 추가로	**in addition** 이너디션

37	아	**아울렛,** 배출구, 출구, 대리점, 판로	명 **outlet** [áutlet] 아웃렛
38	니	**이기다,** 승리하다, 획득하다	동 **win** [win] 윈
39	요	**요구,** 청구, 수요 ; 요구하다	명 **demand** [dimǽnd] 디 맨 드

40	하	**하늘나라,** 천국, 낙원, 신, 하나님	명 **Heaven** [hévən] 헤 번
41	나	**나라,** 왕국, 왕토, 신국, 영역	명 **Kingdom** [kiŋdəm] 킹 덤
42	님	**임금,** 왕, 국왕, 그리스도	명 **King** [kiŋ] 킹
43	의	**의무,** 본분, 의리, 임무	명 **duty** [djú:ti] 듀 - 디

44	선	**선,** 아들, 자식, 사위	명 **son** [sʌn] 선
45	물	**물질의,** 구체적인, 육체적인	형 **material** [mətí-əriəl] 머티-리얼
46	이	**이즐리,** 쉽게, 용이하게, 편하게	부 **easily** [í:zəli] 이-즐리
47	라	**라우즈,** 깨우다, 일으키다	동 **rouse** [rauz] 라우즈

48	행	**행어**, 옷걸이, 양복걸이, 교수형집 행인	명	**hanger** [hǽŋəɹ] 행어
49	위	**위드**, 잡초 ; 잡초를 뽑다, 치우다	명	**weed** [wiːd] 위-드
50	에	**에런드**, 심부름, 용건, 볼일	명	**errand** [érənd] 에 런 드
51	서	**서니**, 양지바른, 밝게 비치는	형	**sunny** [sʌ́ni] 서 니

| 52 | 난 | **난삐션, 논삐션**, 소설이 아닌 문학, 전기, 역사 기록 등 | 명 | **nonfiction** [nɑnfíkʃ-ən / nɔn-] 난삐션 / 논 |

| 53 | 것 | **거기에다**, 설상가상으로 | | **what is worse** 와 디즈 워어스 |
| 54 | 이 | **이스때블리시먼트**, 설립, 창립, 설치, 시설 | 명 | **establishment** [istǽbliʃmənt] 이스때블리시먼트 |

55	아	**아웃컴**, 결과, 과정, 성과	명	**outcome** [áutkʌm] 아웃 컴
56	니	**니고시에이트**, 협상하다, 협의하다	동	**negotiate** [nigóuʃièit] 니고우시에이트
57	니	**니트로겐, 나이트로전**, 질소	명	**nitrogen** [náitrədʒən] 나이트러전

| 58 | 이 | **이블**, 나쁜, 사악한, 불길한 | 형 | **evil** [íːvəl] 이-블 |
| 59 | 는 | **언이븐**, 평탄하지 않은, 균형이 맞지 않은 | 형 | **uneven** [ʌníːvən] 언이-븐 |

60	누	누클리어, 뉴클리어, 핵무기, 원자핵의, (세포)핵의,	명	**nuclear** [njúːkliəːr] 뉴-클리어-
61	구	굿루낑, 잘생긴	형	**good-looking** 굿 루낑
62	든	든든한, 안정된, 견실한, 착실한	형	**stable** [stéibl] 스떼이블
63	지	지키다, 막다, 방어하다	동	**defend** [difénd] 디뻰드

64	자	자, 괘선을 긋는 기구	명	**ruler** [rúːləːr] 루-울러-
65	랑	앙망, 앙모, 감탄, 칭찬, 우러러 봄	명	**admiration** [ædməréiʃən] 애더머레이션
66	하	하이드, 숨기다, 덮어 가리다, 감추다	동	**hide** [haid] 하 이 드
67	지	지금까지, 여태까지		**so far** 소 빠-

68	못	못토우, 모토우, 마토우, 표어, 좌우명, 금언, 격언	명	**motto** [mɔ́tou / mɑtou] 모토우 / 마토우
69	하	하이라이즈, 고층건물, 고층의	형	**high-rise** [haiˊ-ráiz] 하이-라이즈
70	게	게일리, 쾌활하게, 유쾌하게, 화려하게	부	**gaily, gayly** [géili] 게일리

71	함	함정, 올가미, 덫, 계략, 매복	명	**trap** [træp] 츠랩

72	이	이그잼, 시험	명 **exam** [igzǽm] 이 그 잼
73	라	라이프, 익은, 여문, 숙성된	형 **ripe** [raip] 라이프

도마 Thomas

〈쌍둥이 / 요한복음 14:1-7; 20:24-29〉

도마는 예수님의 12제자 중 한 사람이었어요.

도마는 예수님께서 십자가에 죽으시기까지 예수님과 마지막까지 함께 하기를 간절히 원했어요. 그러나 도마는 예수님이 부활하시고 첫 번째로 제자들에게 오셨을 때에 미처 함께 있지 못했어요. 그래서 다른 제자들이 주님을 보았다고 했지만 그는 "내 손가락을 그 못 자국에 넣으며 내 손을 그 옆구리에 넣어 보지 않고는 믿지 않겠다"고 말했습니다. 그로부터 팔 일 후에 도마도 제자들과 함께 있을 때에 예수님이 오셨는데, 그 분은 도마에게 "네 손을 내밀어 내 옆구리에 넣어보라 하시며 믿음 없는 자가 되지 말고 믿는 자가 되라"고 하셨습니다. 그러자 도마는 "즉시 나의 주님이시오 나의 하나님이시니이다"라고 고백하였습니다. 이 때 "예수님께서는 보지 못하고 믿는 자가 복되다"고 말씀하셨습니다(요20:29). 도마는 이후에 인도까지 복음을 전하는 선교사가 되었어요. 그가 죽기 전 마지막 유언은 이것이었답니다.

"나의 주, 나의 하나님!"(요20:28)

6

요한복음 5장 24절

내가 진실로 진실로 너희에게 이르노니 내 말을 듣고
또 나 보내신 이를 믿는 자는 영생을 얻었고
심판에 이르지 아니하나니 사망에서 생명으로 옮겼느니라

"I tell you the truth, whoever hears my word and
believes him who sent me has eternal life and will not
be condemned ; he has crossed over from death to
life. - John 5:24

단어로 외우자!

1	내가	내가, 나는	대	**I** [ai] 아이
2	진실로 진실로	진실로, 참으로, 진심으로, 정말로	부	**truly** [trúːli] 추루-울리
3	너희에게	너희에게, 너희 를, 너에게, 당신 에게	대	**you** [juː] 유-
4	이르노니	이르다, 말하다, 명령하다	동	**tell** [tel] 텔
5	내 말을	내 말, 나의 말		**my word** 마이 워-드
6	듣고	듣다, 귀 기울 이다, 들리다	동	**hear** [hiər] 히어

7 **또**	또, 그리고, 역시, 똑같이 (부)	**also** [ɔ́ːlsou] 오-올소우
8 **나**	나를, 나에게, 내게 (대)	**me** [miː] 미-
9 **보**내신 이를	보내다, 파견하다, 발송하다 (동)	**send** [send] 센드
10 **믿**는 자는	믿다, 신용하다, 여기다, 신뢰하다 (동)	**believe** [bilíːv] 빌리-브
11 **영**생을	영생, 영원한 생명, 죽지 않는 삶	**eternal life** 이터늘 라이쁘
12 **얻**었고	얻다, 획득하다, 받다, 벌다 (동)	**get** [get] 겟

13	**심**판에	심판하다, 형을 선고하다, 비난하다	동	**condemn** [kəndém] 컨 뎀
14	**이**르지	이르다, 도달하다, 도착하다, 미치다	동	**reach** [riːtʃ] 리-치
15	**아**니하나니	(~은) 아니다	부	**not** [nɑt] 낫
16	**사**망에서	사망, 죽음, 소멸, 사망사건	명	**death** [deθ] 데뜨
17	**생**명으로	생명, 목숨, 생존, 삶	명	**life** [laif] 라이쁘
18	**옮**겼느니라	옮기다, 이동시키다, 움직이다	동	**move** [muːv] 무-브

첫 말 잇기로 외우자!

| 1 | 내 | 내처럴 로, 자연법칙 | natural law
내처럴 로 |
| 2 | 가 | 가글, 양치질, 양치질하다 | 명 gargle
[gάːrgəl]
가-글 |

3	진	진, 바지, 작업복	명 jean [dʒiːn] 지-인
4	실	실버, 은, 은제품	명 silver [sílvəːr] 실버-
5	로	로봇, 인조인간, 자동장치	명 robot [róubət] 로우벗

6	진	진, 바지, 작업복	명 jean [dʒiːn] 지-인
7	실	실버, 은, 은제품	명 silver [sílvəːr] 실버-
8	로	로봇, 인조인간, 자동장치	명 robot [róubət] 로우벗

9	너	너트, 견과류, 호두	명 nut [nʌt] 넛
10	희	희망자, 후보자, 지망자, 지원자	명 candidate [kǽndidèit] 캔디데이트
11	에	에주케이션, 교육, 훈육, 양성	명 education [èdʒukéiʃən] 에주케이션

12	게	게임, 경기, 놀이, 유희, 시합	명	**game** [geim] 게임
13	이	이그느런스, 무지, 무학, 모름	명	**ignorance** [ígnərəns] 이그느런스
14	르	러키, 행운의, 운 좋은, 재수 좋은	형	**lucky** [lʌ́ki] 러키
15	노	노이즈, 소음, 소리	명	**noise** [nɔiz] 노이즈
16	니	이렇게, 이런 식으로, 따라서, 그래서	부	**thus** [ðʌs] 더스
17	내	내버려 두다, 방치하다, 버리다	동	**leave** [liːv] 리-브
18	말	말씨, 표현, 표시, 표정	명	**expression** [ikspréʃən] 익스프레션
19	을	얼라이브, 살아 있는, 생생한	형	**alive** [əláiv] 얼라이브
20	듣	듣는 사람, 청취자, 경청자	명	**listener** [lísnəɹ] 리스너
21	고	고통, 아픔, 노력, 노고	명	**pain** [pein] 페인
22	또	또트뻘, 생각이 깊은, 신중한, 상상이 풍부한	형	**thoughtful** [θɔ́ːtfəl] 또-트뻘
23	나	나라, 왕국, 왕토, 신국, 영역	명	**Kingdom** [kíŋdəm] 킹덤

번호		한글	영어

24 　보　 보우트, 투표, 표결, 투표권 　명　 **vote** [vout] 보우트

25 　내　 **내용**, 알맹이, 목차, 취지, 요지 　명　 **content** [kántent] 칸텐트

26 　신　 신, 씨인, 무대 장면, 정경, 광경, 현장 　명　 **scene** [si:n] 시-인/씨-인

27 　이　 이거저션, 노력, 분발, 발휘 　명　 **exertion** [igzə́ːʃən] 이그저-션

28 　를　 **얼굴표정**, 표현, 표시, 말씨 　명　 **expression** [ikspréʃən] 익스프레션

29 　믿　 믿스트, 미스트, 안개, 연무, 흐림 　명　 **mist** [mist] 미스트

30 　는　 언더, ~의 아래에 　전　 **under** [ʌndəɾ] 언 더

31 　자　 **자이겐틱**, 거인 같은, 거대한, 아주 큰 　형　 **gigantic** [dʒaigǽntik] 자이갠틱

32 　는　 언서튼, 불명확한, 분명치 않은 　형　 **uncertain** [ʌnsə́ːɾtn] 언서-튼

33 　영　 영거브라더, 남동생 **younger brother** 영거 　브라더

34 　생　 **생츄어리**, 거룩한 장소, 성전, 성소, 지성소 　명　 **sanctuary** [sǽŋktʃuèri] 생츄에리

35 　을　 얼 카인즈 오브, 모든 종류의, 많은 **all kinds of ~** 얼 카인즈 어브

36	얻	얻어맞은, 두들겨 맞은, 패배한, 진	형	**beaten** [bíːtn] 비이-든
37	었	었(어)텐든스, 출석, 출근, 참석	명	**attendance** [əténdəns] 어텐던스
38	고	고우 투 베드, 잠자러 가다, 취침하러 가다		**go to bed** 고우 터 베드

39	심	심다, 뿌리다, 이식하다	동	**plant** [plænt] 플랜트
40	판	판드, 못, 샘물, 늪	명	**pond** [pɑnd] 판드
41	에	에이프, 원숭이, 유인원	명	**ape** [eip] 에잎

42	이	이스뻬셜, 특별한, 각별한, 현저한	형	**especial** [ispéʃəl] 이스뻬셜
43	르	러버, 연인, 사랑하는 사람, 애호가	명	**lover** [lʌ́vər] 러버
44	지	지방, 시골	명	**countryside** [kʌ́ntri-sàid] 칸츠리-사이드

45	아	아-머, 갑주, 갑옷과 투구, 방비	명	**armor** [áːrmər] 아-머
46	니	니드쁠, 필요한, 없어서는 안 될, 가난한	형	**needful** [níːdfəl] 니-드쁠
47	하	하이브, 꿀벌통, 꿀벌떼	명	**hive** [haiv] 하이브

48	나	나잇메어, 악몽, 가위눌림	명	**nightmare** [náitmɛ̀əːr] 나잇메어-
49	니	니디, 가난한, 생활이 딱한, 빈궁한	형	**needy** [níːdi] 니-디

50	사	사일런트, 조용한	형	**silent** [sáilənt] 사일런트
51	망	망신당하다, 체면을 잃다, 낯 깎이다		**lose face** 루즈 뻬이스
52	에	에어플레인, 비행기	명	**airplane** [ɛ́əɾplèin] 에어플레인
53	서	서치, 찾다, 뒤지다, 탐색, 수색	동	**search** [səːɾʃ] 서-치

54	생	생기 있는, 신선한, 싱싱한	형	**fresh** [freʃ] 쁘레시
55	명	명심하다, 기억하다		**have ~ in mind** 해브 ~ 인 마인드
56	으	어플로즈, 박수갈채, 칭찬	명	**applause** [əplɔ́ːz] 어플로-즈
57	로	로컬, 지방의	형	**local** [lóukəl] 로우클

58	옮	옮기다, 이동하다, 전학하다, 변경하다, 갈아타다	동	**transfer** [trænsfəːr] 츠랜스뻐-
59	겼	겨루다, 경쟁하다, 서로 맞서다	동	**compete** [kəmpíːt] 컴피-트

60	느	느리게, 천천히, 완만하게	부 **slowly** [slóuli] 슬로울리
61	니	니고시에이터, 협상자, 교섭자, 절충자	명 **negotiator** [nigóuʃièitər] 니고우시에이러
62	라	라잇하우스, 등대	명 **lighthouse** [láithàus] 라이트하우스

아브라함 Abraham

〈열국의 아버지 / 창세기 12장-25장〉

아브라함은 믿음의 조상입니다.

하나님께서 아브라함을 찾아오셔서 아들을 얻게 될 것이라 약속하십니다.

그리고 아브람의 이름을 '아브라함'이라 바꾸어주시며(창 17:3-8) "여러민족의 아버지가 될 것이다"라고 약속하십니다.

아브라함은 100세에 아들 이삭을 얻습니다.

믿음의 조상 아브라함이 죽자 이삭과 이스마엘이 막벨라 굴에 장사하였습니다.

그는 하나님의 약속대로 믿음의 조상이 되었습니다.

7

요한복음 10장 28절

내가 그들에게 영생을 주노니 영원히 멸망하지
아니할 것이요 또 그들을 내 손에서 빼앗을 자가 없느니라

I give them eternal life, and they shall never perish ;
no one can snatch them out of my hand.
- John 10:28

+ 단어로 외우자!

1	**내**가	내가, 나는	대

I
[ai]
아이

| 2 | **그**들에게 | 그들에게, 그들을, 그것들을 | 대 |

them
[ðem]
뎀

| 3 | **영**생을 | 영생, 영원한 생명, 죽지 않는 삶 | |

eternal life
이터늘 라이쁘

| 4 | **주**노니 | 주다, 거저 주다, 드리다, 증여하다 | 동 |

give
[giv]
기브

| 5 | **영**원히 | 영원히, 영구히, 언제나, 끊임없이 | 부 |

forever
[fərévəːɾ]
뻐레버-

| 6 | **멸**망하지 | 멸망하다, 썩어 없어지다 | 동 |

perish
[périʃ]
페리쉬

7	**아**니할 것이요	아니하다, 결코 ~ 않다, ~한 적이 없다 (부)	**never** [névəːr] 네-버
8	**또**	또, 그리고, 그래서, 그러면 (접)	**and** [ænd] 앤드
9	**그**들을	그들을, 그들에게, 그것들을 (대)	**them** [ðem] 뎀
10	**내** 손에서	내 손, 나의 손	**my hand** 마이 핸드
11	**빼**앗을 자가	빼앗다, 잡아채다, 강탈하다 (동)	**snatch** [snætʃ] 스내치
12	**없**느니라	없어지다, 사라지다, 소멸되다 (동)	**disappear** [dìsəpíər] 디스피어

첫 말 잇기로 외우자!

1	내	내기, 도박 ; 도박하다, 투기하다, 내기하다	명	**gamble** [gǽmbəl] 갬 블
2	가	가이드포스트, 이정표, 길잡이, 도로표지판	명	**guidepost** [gáidər-pòust] 가이드포우스트

3	그	그래주에이션, 졸업, 대학졸업	명	**graduation** [grædʒuéiʃən] 그래쥬에이션
4	들	들추어내다, 드러내다, 누설하다, 폭로하다	동	**reveal** [rivíːl] 리비-일
5	에	에이지, 나이, 연령	명	**age** [eidʒ] 에 이 지
6	게	게썸레스트, 약간의 휴식을 갖다		**get some rest** 게 썸 레스트

7	영	영기스터, 최연소자	명	**youngest** [jʌ́ŋgist] 영기스트
8	생	생략하다, 빠뜨리다, 빼다	동	**omit** [oumít] 오우밋
9	을	얼람 클락, 자명종		**alárm clòck** 얼라암 클락

10	주	주요한, 큰 쪽의, 보다 많은	형	**major** [méidʒəːr] 메이저-
11	노	노우즈, 코, 후각	명	**nose** [nouz] 노우즈

12	니	**이론**, 학설, 설, 원리, 규칙	몡 **theory** [θíːəri] 띠-어리
13	영	**영앤올드**, 남녀노소	**young and old** 영 앤 올드
14	원	**원드**, 완드, 지팡이, 막대기, 장대	몡 **wand** [wɔnd / wɑnd] 원드 / 완드
15	히	**히일**, 뒤꿈치, 발, 뒤축	몡 **heel** [hiːl] 히-일
16	멸	**멸하다**, 멸망시키다, 파괴하다, 부수다, 분쇄하다	동 **destroy** [distrɔ́i] 디스뜨로이
17	망	**망원경**, 확대경	몡 **telescope** [téləskòup] 텔러스꼬우프
18	하	**하이젝**, 비행기를 공중 납치하다	동 **hijak, highjack** [háidʒæk] 하이잭
19	지	**지그재그**, z자 모양의, 꾸불꾸불한	형 **zigzag** [zígzæg] 지그재그
20	아	**아퍼레이션**, 수술, 기동, 작업, 운영	몡 **operation** [àpəréiʃən / ɔ̀p-] 아퍼레이션 / 오
21	니	**이끌다**, 인도하다, 안내하다	동 **lead** [liːd] 리-드
22	할	**할인**, 할인액, 할인율, 참작	몡 **discount** [dískaunt] 디스카운트
23	것	**거북**, 바다거북	몡 **turtle** [tə́ːrtl] 터-를

24	이	이너프, 충분한, 족한	형	**enough** [inʌf] 이너쁘
25	요	요구, 청구 ; 요구하다, 청구하다, 묻다	명	**demand** [dimænd] 디맨드
26	또	또로우, 떠로우, 철저한, 충분한, 완벽한	형	**thorough** [θə́ːrou, θʌr-] 또-로우, 떠러-
27	그	그라운드, 운동장	명	**ground** [graund] 그라운드
28	들	들고 다닐 수 있는, 운반할 수 있는, 휴대용의	형	**portable** [pɔ́ːrtəbəl] 포-터블
29	을	얼마간의, 다소, 약간의	형	**some** [sʌm] 섬
30	내	내처럴 사이언스, 자연과학		**natural science** 내쳐럴 사이언스
31	손	손님, 단골, 고객	명	**customer** [kʌ́stəmər] 커스터머
32	에	에스껄레이터, 자동식 계단	명	**escalator** [éskəlèitər] 에스껄레이러
33	서	서브젝트, 과목, 주제 ; 지배를 받는, 복종하는	명	**subject** [sʌ́bdʒikt] 서브직
34	빼	빼션, 유행, 패션, 풍조	명	**fashion** [fǽʃən] 빼션
35	앗	앗티클, 아티클, 기사, 논설, 조항	명	**article** [ɑ́ːrtikl] 아-디글

36	을	얼리 투 베드, 얼리 투 라이즈, 일찍 자고 일찍 일어남		early to bed, early to rise

37	자	자기 자신의, 고유의, 특유의	형	**own** [oun] 오 운
38	가	가이드, 안내자, 길잡이	명	**guide** [gaid] 가 이 드

39	없	업저브, 따르다, 지키다, 준수하다	동	**observe** [əbzə́ːrv] 업저-브
40	느	느낌, 감각, 의미	명	**sense** [sens] 센 스
41	니	니어바이, 가까운, 가까이에	형	**nearby** [níərbái] 니 어바이
42	라	라이징, 떠오르는, 오르는, 승진하는, 인기가 한창 오르고 있는	형	**rising** [ráiziŋ] 라이징

8

요한복음 20장 31절

오직 이것을 기록함은 너희로 예수께서 하나님의 아들
그리스도이심을 믿게 하려함이요 또 너희로 믿고
그 이름을 힘입어 생명을 얻게 하려 함이니라

But these are written that you may believe that Jesus
is the Christ, the Son of God, and that by believing
you may have life in his name.
- John 20:31

단어로 외우자!

1	오직	오직, 단지, ~만 ㉕ 의, ~뿐인	**only** [óunli] 오운리
2	이것을	이것들, 이 물건 ㉷ 들, 이 사람들	**these** [ðiːz] 디-즈
3	기록함은	기록하다, 적어두 ㉖ 다 ; 기록	**record** [rikɔ́ːrɾd] 리 코 - 드
4	너희로	너희, 너희들, 당 ㉷ 신, 당신들	**you** [juː] 유-
5	예수께서	예수님, 예수 그 ㉘ 리스도	**Jesus** [dʒiːzəs] 지-저스
6	하나님의 아들	하나님의 아들	**the Son of God** 더 선 어브 갓

- 28 -

7	그리스도이 심을	그리스도, 구세주, 메시아	명	**Christ** [kraist] 크라이스트
8	믿게	믿다, 여기다, 신용하다, 신뢰하다	동	**believe** [bilíːv] 빌리-브
9	하려함이요	하려고하다, ~할 작정이다, 의도하다	동	**intend** [inténd] 인 텐 드
10	또	또, 그리고, 그래서, 그러면	접	**and** [ænd] 앤드
11	너희로	너희, 너희들, 당신, 당신들	대	**you** [juː] 유-
12	믿고	믿다, 신용하다, 여기다, 신뢰하다	동	**believe** [bilíːv] 빌리-브

13	**그** 이름을	그 이름, 그의 이름	**his name** 히즈 네임
14	**힘** 입어	힘, 세기=power, 체력, 장점 ㉐	**strength** [streŋkθ] 스뜨랭뜨
15	**생** 명을	생명, 목숨, 생존, 삶, 생 ㉐	**life** [laif] 라이쁘
16	**얻** 게	얻다, 획득하다, 받다, 벌다 ㉐동	**get** [get] 겟
17	**하** 려함이 니라	하려고하다, ~할 작정이다, 의도하다 ㉐동	**intend** [inténd] 인 텐드

첫 말 잇기로 외우자!

| 1 | 오 | 오토모빌, 자동차 | 명 | **automobile** [ɔ́:təməbì:l] 아-러모비-얼 |

| 2 | 직 | 직면하다, 마주대하다, 만나다 | 동 | **confront** [kənfrʌ́nt] 컨쁘란트 |

| 3 | 이 | 이셀쁘, 그것 자체 | 대 | **itself** [itsélf] 이셀쁘 |

| 4 | 것 | 거드럭거리다, 뽐내다, 자랑하다, 우쭐대다 | | **show off** 쇼우 오쁘 |

| 5 | 을 | 얼서, 궤양, 종기 | 명 | **ulcer** [ʌ́lsəɾ] 얼서 |

| 6 | 기 | 기븐, 주어진, 정해진 | 형 | **given** [gívən] 기븐 |

| 7 | 록 | 록킹체어, 라낑체어, 흔들의자 | | **rocking chair** 로킹체어 / 라낑체어 |

| 8 | 함 | 함쁠, 해로운, 해가 되는 | 형 | **harmful** [háːɾmfəl] 하-암 쁠 |

| 9 | 은 | 언더테익, 떠맡다, 책임을 지다, 약속하다, 보증하다 | 동 | **undertake** [ʌndəɾtéik] 언 더 테 익 |

| 10 | 너 | 너싱 홈, 양로원 | | **nursing home** 너얼씽 홈 |

| 11 | 희 | 희미한, 어둑한, 잘 보이지 않는, 흐릿한 | 형 | **dim** [dim] 딤 |

12	로	로얄, 왕의, 왕족의	형 **royal** [rɔ́iəl] 로 이 얼

13	예	예수 그리스도, 구세주	명 **Jesus** [dʒíːzəs] 지-저 스
14	수	수퍼스따	명 **Superstar** [súːpərstɑ̀ːr] 수-퍼스따-
15	께	~께, 폐하, 왕, 각하, 주권, 권위, 존엄	명 **majesty** [mǽdʒisti] 매지스디
16	서	서어번트, 사용인, 고용인, 하인, 부하	명 **servant** [sə́ːrv-ənt] 서-번트

17	하	하늘나라, 천국, 낙원, 신, 하나님	명 **Heaven** [hévən] 헤 번
18	나	나라, 왕국, 왕토, 신국, 영역	명 **Kingdom** [kíŋdəm] 킹 덤
19	님	임금, 왕, 국왕, 그리스도	명 **King** [kiŋ] 킹
20	의	의도, 의지, 목적, 용도	명 **purpose** [pə́ːrpəs] 퍼-퍼스

21	아	아니스티, 정직, 성실	명 **honesty** [ánisti] 아니스디
22	들	들어 올리다, 올리다, 위로 올리다	동 **lift** [lift] 리프트

23	그	그리스도, 구세주, 메시아	명 **Christ** [kraist] 크라이스트

24	리	리-본, 부활의, 다시 태어난, 부활	형 **Reborn** [riːbɔ́ːrn] 라본온
			명 **Resurrection** [rèzərék∫-ən] 레저렉션
25	스	스삐리트, 성령	명 **Spirit** [spírit] 스삐리트
26	도	도미네이터, 지배자	명 **Dominator** [dɔ́ / ámənèitər] 도머네이러 / 다머네이러
27	이	이스턴, 동쪽의, 동쪽으로의, 동양의	형 **eastern** [íːstərn] 이-스튼
28	심	심다, 씨뿌리다	동 **sow** [sou] 소우
29	을	얼얼하게 하다, (가시로) 찌르다, 따끔하게 하다	동 **sting** [stiŋ] 스띵
30	믿	믿션, 미션, 임무, 직무, 사명, 천직	명 **mission** [mí∫-ən] 미션
31	게	게다가, 또한, 그 위에, ~도 또한	부 **too** [tuː] 투-
32	하	하트, 심장, 마음, 심정	명 **heart** [hɑːrt] 하-트
33	려	여백, 공백, 빈자리	명 **blank** [blæŋk] 블렝크
34	함	함, 상자, 박스, 짐상자, 용기, 경우	명 **case** [keis] 케이스
35	이	이디어트 박스, 바보상자, TV	**îdiot bòx** 이디어트 박스

36	요	**요구**, 청구, (배상·보험금 등의) 지급 요구	명	**claim** [kleim] 클레임
37	또	**또트**, 생각, 의견, 사려, 배려	명	**thought** [θːct] 또-트
38	너	**너어서리**, 육아실, 아이 방, 탁아소, 보육원	명	**nursery** [nə́ːrs-əri] 너-어서리
39	희	**히퍼크리트**, 위선자(의)	명	**hypocrite** [hípəkr̀it] 히퍼크리트
40	로	**로우그**, 깡패, 불량배, 악한	명	**rogue** [roug] 로우그
41	믿	**믿스치쁘**, 미스치쁘, 해악, 해, 악영향, 손해	명	**mischief** [místʃif] 미스치이쁘
42	고	**고블린**, 악귀, 도깨비	명	**goblin** [gáblin / gɔ́b-] 가블린 / 고블린
43	그	**그랜트**, 주다, 수여하다	동	**grant** [grænt] 그랜트
44	이	**이퀄리**, 동등하게, 평등하게, 같게	부	**equally** [íːkwəli] 이-퀄리
45	름	**음영**, 명암, 색조, 그늘, 응달, 어둠	명	**shade** [ʃeid] 쉐이드
46	을	**얼른**, 바삐, 성급히, 조급히	부	**hastily** [héistili] 헤이스틀리
47	힘	**힘**, 찬송가, 성가	명	**hymn** [him] 힘

48	입	입구, 출입구, 들어감, 입장	명	**entrance** [éntrəns] 엔트런스
49	어	어드레스, 주소, 연설, 인사말	명	**address** [ədrés] 어드레스

50	생	생명이 없는, 죽은, 죽은 듯한	형	**dead** [ded] 데드
51	명	명랑한, 유쾌한, 재미있는	형	**merry** [méri] 메리
52	을	얼리, 일찍이, 일찍부터, 초기에	부	**early** [ə́ːrli] 어-얼리

53	얻	얻터, 말하다, 발음하다, 입밖에 내다	동	**utter** [ʌ́tər] 어터
54	게	게도쁘, (말, 차에서) 하차하다, 내리다		**get off** 게 오쁘

55	하	하트 어택, 심장발작		**heart attack** 하-트 어택
56	려	여기서 드실건가요, 아니면 가지고 가실건가요?		**For here or to go?** 뽀 히어 오 터 고우

57	함	함, 해, 손해, 손상	명	**harm** [hɑːrm] 하-암
58	이	이너, 안의, 내부의, 중심적인, 속의	형	**inner** [ínər] 이너
59	니	이것들[의], 이 사람들	대	**these** [ðiːz] 디-즈

예레미야 Jeremiah

〈여호와께서 세우신다 / 예레미야 1장 - 52장〉

예레미야는 제사장 힐기야의 아들이었어요.

요시야 왕 때 열아홉살의 나이로 선지자가 되었습니다.

하나님은 예레미야에게 "내가 너를 복중에 짓기 전에 너를 알았고 태에서 나오기 전에 구별하였고 너를 열방의 선지자로 세웠노라"(예레미야1:2)고 말씀하셨어요. 그 당시 이스라엘은 하나님이 아닌 다른 신을 섬겼고 나쁜 짓을 많이 하고 있었어요. 그래서 하나님은 바벨론(이라크)을 불러 이스라엘에게 벌을 주려고 하셨어요.

예레미야는 바로 이것을 예언했어요. 40년 뒤에 이스라엘은 바벨론의 식민지가 되었고 이스라엘 백성들은 70년 동안 바베론에서 포로생활(나라 없는 민족)을 해야 했어요.

이 때 예레미야는 백성들에게 편지를 보내어 70년이 될 때까지 안정된 삶을 살아가라고 말을 했어요. 예레미야가 언제 세상을 떠났는지에 대해서는 알려진 바가 없습니다.

9

요한계시록 3장 20절

볼지어다 내가 문 밖에 서서 두드리노니 누구든지
내 음성을 듣고 문을 열면 내가 그에게로 들어가
그와 더불어 먹고 그는 나와 더불어 먹으리라

Here I am! I stand at the door and knock. If anyone
hears my voice and opens the door, I will come in and
eat with him, and he with me.
- Revelation 3:20

단어로 외우자!

1	**볼**지어다	보다, 바라보다, 만나다, 관찰하다	동

see
[si:]
시-

2	**내**가	내가, 나는	대

I
[ai]
아이

3	**문**	문, 방문, 문짝, 입구, 현관	명

door
[dɔ:r]
도-

4	**밖**에	밖, 바깥쪽, 외면, 밖의, 바깥의	명

outside
[áutsáid]
아웃사이드

5	**서**서	서다, 서 있다, 일어서다	동

stand
[stænd]
스땐드

6	**두**드리노니	두드리다, 치다, 충돌하다	동

knock
[nɑk]
낙

7	**누**구든지	누구든지, 누구라도, 누군가	대	**anyone** [éniwʌ̀n] 에니원
8	**내** 음성을	내 음성, 나의 목소리		**my voice** 마이 보이스
9	**듣**고	듣다, 귀 기울이다, 들리다	동	**hear** [hiəɾ] 히어
10	**문**을	문, 방문, 입구, 문간, 현관	명	**door** [dɔːɾ] 도-
11	**열**면	열다, 개방하다 ; 열린, 열려 있는	동	**open** [óupən] 오우픈
12	**내**가	내가, 나는	대	**I** [ai] 아이

13	그에게로	그에게, 그를, 그 사람을	대	**him** [him] 힘
14	들어가	들어가다, 들어오다, 방문하다		**come in** 커 민
15	그와	그, 그 사람, 그를, 그 사람을	대	**him** [him] 힘
16	더불어	더불어, ~와 함께, ~와 같이	전	**with** [wið] 위드
17	먹고	먹다, 식사하다, 음식을 먹다	동	**eat** [iːt] 이-잇
18	그는	그는, 그가, 그 사람은	대	**he** [hiː] 히-

19	**나**와	나와, 나와 함께, 나와 더불어	**with me** 위드 미-
20	**더**불어	더불어, ~와 함께, ~와 같이 (전)	**with** [wið] 위드
21	**먹**으리라	먹다, 식사하다, 음식을 먹다 (동)	**eat** [iːt] 이-잇

첫 말 잇기로 외우자!

1	볼	볼드, 대머리의, (머리가) 벗어진, 있는 그대로의, 꾸밈없는	형	**bald** [bɔːld] 보-올드
2	지	지네틱, 유전적인, 유전학적인	형	**genetic** [ʤinétik] 지네틱
3	어	어드밴스, 나아가게 하다, 전진시키다	동	**advance** [ədvǽns / æd] 어드밴스/애드밴스
4	다	다이얼로그, 문답, 대화, 회화	명	**dialogue** [dáiəlɔ̀ːg] 다이얼로-그

| 5 | 내 | 내셔널 쁠라워, 국화 | | **national flower** 내셔늘 쁠라워 |
| 6 | 가 | 가-알릭, 마늘 | 명 | **garlic** [gáːʌlik] 가-알릭 |

| 7 | 문 | 문제, 물질, 물체 ; 중요하다 | 명 | **matter** [mǽtəːʌ] 매러- |

| 8 | 밖 | 밖의, 외부의, 외면의, 표면의, 형식적인 | 형 | **external** [ikstéːʌnəl] 익스터-늘 |
| 9 | 에 | 에이전트, 대행자, 대리인, 대리점 | 명 | **agent** [éidʒənt] 에이즌트 |

| 10 | 서 | 서컴스땐스, 상황, 환경, 주위 사정 | 명 | **circumstance** [sáːʌkəmstæns] 서-컴스땐스 |
| 11 | 서 | 서브머린, 섭머린, 잠수함, 해저동물 | 명 | **submarine** [sʌ́bmərìːń] 섭머리-인 |

12	두	두 함, 해를 끼치다, 해가 되다		**do harm** 두 하암
13	드	**드래쁘트**, 신인선발제도, 밑그림, 설계도	몡	**draft** [dræft] 드래쁘트
14	리	**리조트**, 유흥지, 번화가, 사람이 모이는 곳	몡	**resort** [rizɔ́ːrt] 리조-트
15	노	**노우**, 알다, 알고 있다	동	**know** [nou] 노우
16	니	**이야기**, 설화, 꾸민 이야기	몡	**tale** [teil] 테 일
17	누	**누드**, 발가벗은, 나체의, 노출된	형	**nude** [njuːd] 뉴-드, 누-드
18	구	**구분하다**, 나누다, 분할하다, 쪼개다	동	**divide** [diváid] 디 바이드
19	든	**던져두다**, 방치하다	동	**leave** [liːv] 리-브
20	지	**지원자**, 자원자, 봉사자, 지원병	몡	**volunteer** [vὰləntíər] 발런티어
21	내	**내륙**, 오지, 해안에서 먼 곳	몡	**inland** [ínlənd] 인런드
22	음	**음력**, 태음력		**lunar calendar** 루-너 캘린더
23	성	**성격**, 특징, 특성	몡	**character** [kǽriktər] 캐릭터

24	을	**얼른,** 신속히, 재빠르게, 즉시	부	**promptly** [prámptli] 프람뜰리
25	든	**든다,** 효험이 있다, 약효가 있다, 작용하다	동	**work** [wəːrk] 워-크
26	고	**고우 스뜨레이트,** 곧장 가다, 똑바로 가다		**go straight** 고우 스뜨레이트
27	문	**문라이트,** 달빛	명	**moonlight** [múːnlàit] 무-운라이트
28	을	**얼레,** 물레, 실패, 감개	명	**reel** [riːl] 리-일
29	열	**열중한,** 열광한, 미친, 미치광이의, 홀딱 빠진	형	**crazy** [kréizi] 크레이지
30	면	**면,** 면목, 얼굴, 모습	명	**face** [feis] 뻬이스
31	내	**내쳐럴,** 자연의, 자연계의, 타고난	형	**natural** [nǽtʃərəl] 내쳐럴
32	가	**가비지,** 쓰레기, 음식 찌꺼기	명	**garbage** [gáːrbidʒ] 가-비지
33	그	**그래스호퍼,** 메뚜기	명	**grasshopper** [grǽsˈhɔ̀pər] 그래스하퍼
34	에	**에스떠메이트,** 평가, 어림, 견적	명	**estimate** [éstəmèit] 에스터메이트
35	게	**게,** 게자리, 암	명	**cancer** [kǽnsər] 캔서

36	로	로우커스트, 메뚜기, 누리, 매미	명	**locust** [lóukəst] 로우커스트
37	들	**들러붙는**, 끈적끈적한, 점착성의	형	**sticky** [stíki] 스띠키
38	어	어디션, 덧셈, 추가, 부가	명	**addition** [ədíʃən] 어디션
39	가	가장 나쁘게도, 최악으로		**worst of all** 워스트 어브 얼
40	그	그로우, 자라다, 성장하다	동	**grow** [grou] 그 로 우
41	와	와일드, 야생의, 야만의, 거친	형	**wild** [waild] 와 일 드
42	더	더스트, 먼지, 티끌	명	**dust** [dʌst] 더스트
43	불	불라인드, 블라인드, 눈 먼, 장님의, 맹목적인	형	**blind** [blaind] 블라인드
44	어	어드벤쳐, 모험, 모험담, 체험담	명	**adventure** [ədvéntʃər / æd] 어드벤쳐 / 애-
45	먹	먹음직스러운, 맛있는, 맛좋은, 향기로운	형	**delicious** [dilíʃəs] 딜 리 셔스
46	고	고장, 파손, 몰락	명	**breakdown** [bréikdàun] 브레익다운
47	그	그레인, 낟알, 곡물, 알곡, 극히 조금, 미량	명	**grain** [grein] 그레인

48	는	언페어, 공정치 못한, 부정한	형	**unfair** [ʌnfέəɾ] 언 빼 어
49	나	나블리스트, 노블리스트, 소설가	명	**novelist** [návəlist / nɔ́v-] 나벌리스트 / 노벌-
50	와	와이프, 닦다, 지우다, 훔치다	동	**wipe** [waip] 와 잎
51	더	더블, 두 배의, 갑절의	형	**double** [dʌ́bəl] 더 블
52	불	불레싱, 블레싱, 혜택, 축복, 신의 은총, 신의 가호	명	**blessing** [blésiŋ] 블레싱
53	어	어드밋, 인정하다, 허가하다, 들이다	동	**admit** [ədmít / -æd] 어드밋 / 애드-
54	먹	먹어치우다, 삼키다, 꿀꺽 삼키다	동	**swallow** [swálou] 스왈로우
55	으	어드바이스, 충고, 조언, 권고	명	**advice** [ədváis, æd-] 어드바이스 애드-
56	리	리이드, 읽다, 낭독하다, 이해하고 읽다, 판단하다	동	**read** [riːd] 리-드
57	라	라이쁘타임, 일생	명	**lifetime** [láiftàim] 라이쁘타임

10

에베소서 2장 10절

우리는 그가 만드신 바라 그리스도 예수 안에서 선한 일을 위하여
지으심을 받은 자니 이 일은 하나님이 전에 예비하사
우리로 그 가운데서 행하게 하려 하심이니라

For we are God's workmanship, created in Christ Jesus
to do good works, which God prepared in advance for
us to do. - Ephesians 2:10

➕ 단어로 외우자!

1	우리는	우리는, 우리가 (대)	**we** [wi:] 위-
2	그가	그가, 그는, 그 (대) 사람이	**he** [hi:] 히-
3	만드신 바라	만드신 바, 만든 (명) 작품, 솜씨, 기량	**workmanship** [wə́:ɾkmənʃip] 워-크먼십
4	그 리스도 예수	그리스도 예수, (명) 구세주	**Christ Jesus** 크라이스트 지-저스
5	안에서	안, 안쪽, 내부 ; (명) 안쪽의, 내부의	**interior** [intíəriəɾ] 인티리어
6	선한	선한, 착한, 선 (형) 량한, 좋은	**good** [gud] 굿

7	일을	일, 작업, 노동, 공부, 연구	명	work [wəːʌk] 워-크
8	위하여	(~을) 위하여, ~을 위해	전	for [fɔːʌ] 뽀-
9	지으심을	짓다, 만들다, 창조하다, 창작하다	동	create [kriéit] 크리에잇
10	받은 자니	받다, 받아들이다, 수락하다	동	receive [risíːv] 리시-브
11	이 일은	이 일, 이러한 일, 이 작업		this work 디스 워-억
12	하나님이	하나님, 조물주, 창조주	명	God [gɑd] 갓

13	전에	전에, 미리, 사전에, 앞당겨	in advance 이너드밴스
14	예비하사	예비하다, 준비하다, 예습하다 (동)	prepare [pripέəɾ] 프리페어
15	우리로	우리로, 우리에게, 우리를 (대)	us [ʌs] 어스
16	그 가운데서	가운데, 한가운데, 중앙 (명)	middle [mídl] 미들
17	행하게	행하다, 행동하다, 활동하다 ; 행위 (동)	act [ækt] 액트
18	하려하심이라	하려고 하다, 의도하다 ; 의도, 목적 (동)	purpose [pə́ːɾpəs] 퍼-퍼스

첫 말 잇기로 외우자!

1	**우**	**우울한**, 비관적인, 푸른	형 **blue** [bluː] 블루-
2	**리**	**리콜**, 생각해내다, 상기하다, 회수하다	동 **recall** [rikɔ́ːl] 리코-올
3	**는**	**언뻐밀리어**, 잘 모르는, 생소한, 익숙하지 않은	형 **unfamiliar** [ʌnfəmíljəɾ] 언뻐밀려

4	**그**	**그레이트쁠**, 감사하고 있는, 고마워하는, 감사의	형 **grateful** [gréitfəl] 그레이트쁠
5	**가**	**가입하다**, 입학하다, 참가하다, 들어가다, 시작하다	동 **enter** [éntəɾ] 엔터

6	**만**	**만뜨**, 달, 월	명 **month** [mʌnθ] 만뜨
7	**드**	**드러그스또어**, 약국	명 **drugstore** [drʌ́gstɔ̀ːɾ] 드러그스또-
8	**신**	**신**, 눈에 보이는, see의 과거분사	형 **seen** [siːn] 시-인

9	**바**	**바이블**, 성경, 성서	명 **Bible** [báibəl] 바이블
10	**라**	**라이드 터게더**, 합승하다, 함께 타다	**ride together** 라이드 터게더

| 11 | **그** | **그리스도**, 구세주, 메시아 | 명 **Christ** [kraist] 크라이스트 |

12	리	리-본, 부활의, 다시 태어난, 부활	형	**Reborn** [riːbɔ́ːrn] 리-보-온
			명	**Resurrection** [rèzərékʃ-ən] 레저렉션
13	스	스삐리트, 성령	명	**Spirit** [spírit] 스삐리트
14	도	도미네이터, 지배자	명	**Dominator** [dɑ́mənèitər] 도머네이러 / 다머네이러
15	예	예수 그리스도, 구세주	명	**Jesus** [dʒíːzəs] 지-저스
16	수	수퍼스따	명	**Superstar** [súːpərstὰːr] 수-퍼스따-
17	안	**안정**, 안락, 휴식, 휴양, 평안	명	**rest** [rest] 레스트
18	에	에니, 무언가의, 얼마간의, 어떤	형	**any** [éni, əni] 에니, 어니
19	서	서비스, 봉사, 수고, 공헌	명	**service** [sə́ːrvis] 서-비스
20	선	선데이, 일요일	명	**Sunday** [sʌ́ndei] 선데이
21	한	**한없는**, 끝없는, 무한한	형	**endless** [éndlis] 엔들리스
22	일	일루전, 환영, 환각, 착각	명	**illusion** [ilúːʒən] 일루-전
23	을	얼 어라운드 플레이어, 만능선수		**all-around player** 얼 어라운드 플레이어

24	위	위켄드, 주말	명	**weekend** [wíːkènd] 위-켄드
25	하	하프, 수금, 하프를 타다	명	**harp** [hɑːrp] 하-프
26	여	**여분의**, 임시의, 특별한	형	**extra** [ékstrə] 엑스트러

27	지	**지남철**, 자석, 마그넷, 자철	명	**magnet** [mǽgnit] 매그니트
28	으	어낼러시스, 분석, 분해, 해석	명	**analysis** [ənǽləsis] 어낼러시스
29	심	**심한**, 무서운, 지독한, 소름끼치는	형	**terrible** [térəb-əl] 테러블
30	을	얼룩, 더럼, 오점, 흠, 더럽히다	명	**stain** [stein] 스떼인

| 31 | 받 | (특히 차가 사람을 들이) **받다**, 치다, 부딪치다 | | **run over** 러 노버 |
| 32 | 은 | 은메달 | | **silver medal** 실버 메들 |

| 33 | 자 | **자산**, 재산, 성질, 특성 | 명 | **property** [prάpərti] 프라퍼디 |
| 34 | 니 | 니클, 니켈, 5센트짜리 잔돈 | 명 | **nickel** [ník-əl] 니클 |

| 35 | 이 | 이너슨스, 결백, 무죄, 무구, 청정 | 명 | **innocence** [ínəsns] 이너슨스 |

36	일	일래스띡, 늘어나는, 신축성 있는, 탄력 있는	형	**elastic** [ilǽstik] 일래스띡
37	은	은혜, 친절, 인정	명	**kindness** [káindnis] 카인드니스
38	하	하늘나라, 천국, 낙원, 신, 하나님	명	**Heaven** [hévən] 헤 번
39	나	나라, 왕국, 왕토, 신국, 영역	명	**Kingdom** [kiŋdəm] 킹 덤
40	님	임금, 왕, 국왕, 그리스도	명	**King** [kiŋ] 킹
41	이	이니셜, 머리글자, 첫 글자, 처음의	명	**initial** [iníʃəl] 이니셜
42	전	전얼, 저널, 신문, 일간신문, 잡지	명	**journal** [dʒə́:rnəl] 저-널
43	에	에고이즘, 이고이즘, 이기주의, 자기 본위	명	**egoism** [égouìzəm, í:gou-] 에고우이즘 / 이-고우지즘
44	예	예배, 참배, 숭배, 존경	명	**worship** [wə́:rʃip] 워-십
45	비	비기닝, 처음, 최초, 시작, 발단, 기원	명	**beginning** [bigíniŋ] 비기닝
46	하	하이드-앤-시크, 숨바꼭질	명	**hide-and-seek** 하이드 앤 시익
47	사	사이트, 광경, 시각, 조망	명	**sight** [sait] 사이트

48	우	우호적인, 친한, 친절한, 마음에 드는	형	**friendly** [fréndli] 쁘렌들리
49	리	리뷰, 복습, 재조사, 재검토, 회고	명	**review** [rivjú:] 리뷰-
50	로	로움, 로마	명	**Rome** [roum] 로움
51	그	그리트, 인사하다, 맞이하다, 영접하다	동	**greet** [gri:t] 그리-트
52	가	가이든스, 안내, 인도, 지도, 지휘, 지시	명	**guidance** [gáidns] 가이든스
53	운	운드, 상처, 부상	명	**wound** [wu:nd] 우-운드
54	데	데블, 악마, 악귀, 악령	명	**devil** [dévl] 데블
55	서	서제스천, 암시, 시사, 넌지시 비춤, 제안	명	**suggestion** [səgdʒéstʃən] 서제스천
56	행	행크치쁘, 손수건, 목도리	명	**handkerchief** [hǽŋkərtʃif] 행커치쁘
57	하	하그, 돼지, 욕심꾸러기	명	**hog** [hɑg, hɔ:g] 하그, 호-그
58	게	게이트, 문, 입구, 통로	명	**gate** [geit] 게이트
59	하	하니비, 꿀벌	명	**honeybee** [hʌ́ni-bì:] 하니비-

60	려	**여린**, 부드러운, 섬세한, 세심한, 예민한	형	**delicate** [délikət] 델리커트

61	하	**하프**, 합, 뛰다, 한발로 뛰다	동	**hop** [hαp / hɔp] 합 / 홉
62	심	**엄파이어**, 심판(자), 중재자, 부심	명	**umpire** [ʌ́mpaiər] 엄파이어
63	이	**이카너미**, 절약, 경제, 경제학	명	**economy** [ikάnəmi / -kɔ́n-] 이카너미 / 이코노-
64	니	**이상향**, 이상적인 나라, 공상적 사회	명	**utopia** [juːtóupiə] 유-토피어
65	라	**라이픈**, 익다, 원숙하다, 익게 하다	동	**ripen** [ráip-ən] 라이픈

11

이사야 41장 10절

두려워하지 말라 내가 너와 함께 함이라 놀라지 말라
나는 네 하나님이 됨이라 내가 너를 굳세게 하리라 참으로
너를 도와주리라 참으로 나의 의로운 오른 손으로 너를 붙들리라

So do not fear, for I am with you ; do not be
dismayed, for I am your God. I will strengthen you
and help you ; I will uphold you with my righteous
right hand. - Isaiah 41:10

단어로 외우자!

1	**두**려워 하지 말라	두려워 말라. 겁먹지 말라.	**Do not fear.** 두 낫 삐어
2	**내**가	내가, 나는 (대)	**I** [ai] 아이
3	**너**희와	너희와, 너와, 너희들과	**with you** 위 쥬
4	**함**께	함께, 같이, 동반 (부) 해서, 합쳐져서	**together** [təgéðəːr] 터 게 더 -
5	**함**이라	함이다, 하기 때 (접) 문에, 왜냐하면	**for** [fɔːr] 뽀 -
6	**놀**라지 말라	놀라지 마라.	**Don't be surprised.** 도운트 비 서프라이즈드

7	**나**는	나는, 내가	(대)	**I** [ai] 아이
8	**네** 하나님이	네 하나님, 너의 하나님		**your God** 유어- 갓
9	**됨**이라	되다, ~으로 되다, ~와 어울리다	(동)	**become** [bikʌm] 비 컴
10	**내**가	내가, 나는	(대)	**I** [ai] 아이
11	**너**를	너를, 너에게, 당신을, 당신에게	(대)	**you** [juː] 유-
12	**굳**세게 하리라	굳세게 하다, 강하게 하다	(동)	**strengthen** [stréŋkθ-ən] 스 뜨 랭 떤

13	**참**으로	참으로, 진실로, 진심으로, 정말로	(부)	**truly** [trú:li] 추루울리
14	**너**를	너를, 너에게, 당신을, 당신에게	(대)	**you** [ju:] 유-
15	**도**우리라	돕다, 원조하다, 조력하다 ; 도움	(동)	**help** [help] 헬프
16	**참**으로	참으로, 진실로, 진심으로, 정말로	(부)	**truly** [trú:li] 추루울리
17	**나**의	나의	(대)	**my** [mai] 마이
18	**의**로운	의로운, 올바른, 정직한 공정한	(형)	**righteous** [ráitʃəs] 라이처스

19	**오**른손으로	오른손, 바른손		**right hand** 라잇 핸드
20	**너**를	너를, 너에게, 당신을, 당신에게	대	**you** [juː] 유-
21	**붙**들리라	붙들다, 떠받치다, 들어 올리다	동	**uphold** [ʌdphóuld] 업호울드

첫 말 잇기로 외우자!

1	두	두어링, 듀어링, ~동안에, ~사이에	전	**during** [djúəriŋ] 듀어링
2	려	여인숙, 여관	명	**inn** [in] 인
3	워	워드, 말, 낱말, 이야기	명	**word** [wə:rd] 워-드
4	하	하스삐탤러티, 환대, 후한 대접, 친절	명	**hospitality** [hàspitǽləti] 하스피탤러디
5	지	지네틱스, 유전학	명	**genetics** [dʒinétiks] 지네틱스

| 6 | 말 | 말하다, 언급하다, 얘기로 꺼내다 | 동 | **mention** [ménʃən] 멘션 |
| 7 | 라 | 라이어, 거짓말쟁이 | 명 | **liar** [láiər] 라이어 |

| 8 | 내 | 내셔널 할러데이, 국경일 | | **national holiday** 내셔늘 할러데이 |
| 9 | 가 | 가먼트, 의복, 옷, 외피 | 명 | **garment** [gá:rmənt] 가-먼트 |

| 10 | 너 | ~너머, ~의 저쪽에, ~을 지나서 | 전 | **beyond** [bijánd] 비얀드 |
| 11 | 와 | 와이어, 철사, 전선 | 명 | **wire** [waiə:r] 와이어- |

| 12 | 함 | 함대, 함선, 전함 | 명 | **fleet** [fliːt] 쁠리-잍 |
| 13 | 께 | ~께, ~때(쯤), ~경에 | 전 | **about** [əbáut] 어 바웃 |

14	함	함성, 부르짖음, 고함소리, 야유	명	**outcry** [áutkrài] 아우크라이
15	이	이코노미스트, 경제학자, 경제전문가	명	**economist** [ikánəmist] 이카너미스트
16	라	라이트, 권리, 정의, 올바름	명	**right** [rait] 라이트

17	놀	놀이터, 운동장, 공원	명	**playground** [pléigràund] 플레이그라운드
18	라	라운지, 사교실, 휴게실, 담화실 ; 빈둥거리다	명	**lounge** [laundʒ] 라운지
19	지	지알러지, 지질학, 지질	명	**geology** [dʒiːálədʒi] 지-알러지

| 20 | 말 | 말썽꾸러기, 문제아 | 명 | **troublemaker** [trʌb-əlmèikəːɾ] 츠러블메이커- |
| 21 | 라 | 라커, 자물쇠, 잠금장치 | 명 | **locker** [lákəɾ / lɔ́k-] 라커 / 로- |

| 22 | 나 | 나중에, 더 늦게, 뒤에 | 부 | **later** [léitəːɾ] 레이러- |
| 23 | 는 | 언덕, 작은 산, 구릉, 구릉지대 | 명 | **hill** [hil] 힐 |

24	네	네클리스, 목걸이	명	**necklace** [néklis] 네클리스
25	하	하늘나라, 천국, 낙원, 신, 하나님	명	**Heaven** [hévən] 헤 번
26	나	나라, 왕국, 왕토, 신국, 영역	명	**Kingdom** [kíŋdəm] 킹 덤
27	님	임금, 왕, 국왕, 그리스도	명	**King** [kiŋ] 킹
28	이	이그노어, 무시하다, 묵살하다	동	**ignore** [ignɔ́ːr] 이그노-
29	됨	됨됨이, 천성, 인간성, 본성, by nature 천성적으로	명	**nature** [néitʃər] 네이쳐
30	이	이그너런트, 무지한, 무학의, 모르는, 무식한	형	**ignorant** [ignərənt] 이그너런트
31	라	라인, 선, 줄, 직선	명	**line** [lain] 라인
32	내	내비게이션, 운항, 항해, 항해술	명	**navigation** [nævəgéiʃn] 내 버 게 이 션
33	가	가스, 기체	명	**gas** [gæs] 개스
34	너	너스리 룸, 아이방, 육아방		**nursery room** 너얼스리 룸
35	를	얼터너티브, 대안, 다른 방도	명	**alternative** [ɔːltə́ːrnətiv] 어-얼터-너티브

36	굳	굳-루낑, 잘생긴, 미모의, 잘 어울리는	형	**good-looking** [gúdlúkiŋ] 굿루낑
37	세	세이쁘, 안전한, 위험이 없는	형	**safe** [seif] 세이쁘
38	게	게스트, 손님, 객, 내빈	명	**guest** [gest] 게스트
39	하	하러쁴, 무서운, 대단한	형	**horrific** [hɑrífik, hɔːr-] 하리쁴 / 호-러쁴
40	리	리더, 독자, 독서가, 읽는 사람	명	**reader** [ríːdəːɾ] 리-더-
41	라	라쁘, 거친, 험악한, 난폭한	형	**rough** [rʌf] 라쁘
42	참	참, 매력, 아름다운 용모, 마력	명	**charm** [tʃɑːm] 차-암
43	으	어플라이, 지원하다, 응용하다	동	**apply** [əplái] 어플라이
44	로	로우케이션, 장소, 위치, 부지, 지역	명	**location** [loukéiʃən] 로우케이션
45	너	너 자신을 알라.		**Know yourself.** 노우 유어셀프
46	를	얼티메이틀리, 궁극적으로, 마지막으로	부	**ultimately** [ʌltəmitli] 얼터미를리
47	도	도즌, 한 다스, 12개	명	**dozen** [dʌzən] 더즌 / 도즌

48	와	와시, 씻다, 얼굴, 손 등을 씻다, 세탁하다	동 wash [waʃ] 와 시

49	주	주니어, 손아래, 연하	명 junior [dʒúːnjəɹ] 주-녀
50	리	리듀스, 줄이다, 축소하다	동 reduce [ridjúːs] 리듀-스
51	라	라튼, 썩은, 부패한	형 rotten [rátn / rɔ́tn] 라튼 / 로튼

52	참	참잉, 매력적인, 아름다운, 호감이 가는	형 charming [tʃáːɹmiŋ] 차-밍
53	으	어플라이, 지원하다, 응용하다	동 apply [əplái] 어플라이
54	로	로우케이션, 장소, 위치, 부지, 지역	명 location [loukéiʃən] 로우케이션

55	나	나란히, 곁에, ~와 함께	전 alongside [əlɔːŋsáid] 얼로옹사이드
56	의	의료보험	medical service 메디클 서비스

57	의	의미심장한, 뜻있는	형 meaningful [míːniŋfəl] 미-닝뿔
58	로	로쁘디, 높은, 치솟은	형 lofty [lɔ́ːfti] 로-쁘디
59	운	운동, 체조, 연습, 행사	명 exercise [éksəɹsàiz] 엑서사이즈

60	오	오우션, 대양, 해양	명 **ocean** [óuʃən] 오 우 션
61	른	런잉, 러닝, 학문, 학식, 지식, 배움	명 **learning** [lə́ːrniŋ] 러-닝
62	손	손위의, 연장의, 고참의, 장로, 원로	형 **elder** [éldər] 엘더
63	으	어피어런스, 외모, 외관, 출현	명 **appearance** [əpíərəns] 어피어런스
64	로	로스, 손실, 분실, 잃음	명 **loss** [lɔ(ː)s] 로(-)스

| 65 | 너 | 너싱 마더, 수양어머니 | **nursing mother** 너얼싱 마더 |
| 66 | 를 | 얼롱, (~을) 따라서, ~을 끼고, 따라, 죽 | 전 **along** [əlɔ́ːŋ] 얼로(-)옹 |

67	붙	붙잡다, 체포하다, 막다, 저지하다	동 **arrest** [ərést] 어레스트
68	들	들고 다니다, 휴대하다, 운반하다	동 **carry** [kǽri] 캐리
69	리	리버티, 자유, 자립	명 **liberty** [líbəːrti] 리버-디
70	라	라이트, 적절한, 제격인, 어울리는	형 **right** [rait] 라이트

12

마태복음 7장 7~8절

구하라 그리하면 너희에게 주실 것이요 찾으라 그리하면
찾아낼 것이요 문을 두드리라 그리하면 너희에게
열릴 것이니 구하는 이마다 받을 것이요 찾는 이는
찾아낼 것이요 두드리는 이에게는 열릴 것이니라

"Ask and it will be given to you ; seek and you will find
; knock and the door will be opened to you.
For everyone who asks receives ; he who seeks finds
; and to him who knocks, the door will be opened.
- Matthew 7:7-8

+ 단어로 외우자!

1	**구**하라	구하다, 요구하다, 요청하다 ⑧	**ask** [æsk] 애스크
2	**그**리하면	그리하면, 그러면, 그래서, 그리고 ㉜	**and** [ænd] 앤드
3	**너**희에게	너희에게, 너에게, 당신에게	**to you** 투 유-
4	**주**실 것이요	주다, 거저 주다, 드리다, 증여하다 ⑧	**give** [giv] 기브
5	**찾**으라	찾다, 노력하다, 추구하다 ⑧	**seek** [si:k] 시-익
6	**그**리하면	그리하면, 그러면, 그래서, 그리고 ㉜	**and** [ænd] 앤드

7	**찾**아낼 것이요	찾아내다, 발견하다, 알아내다	**find out** 빠인다웃
8	**문**을	문, 방문, 입구, 문간, 현관 ⑲	**door** [dɔ:r] 도-
9	**두**드리라	두드리다, 치다, 부딪치다 ⑧	**knock** [nɑk] 낙
10	**그**리하면	그리하면, 그러면, 그래서, 그리고 ⑳	**and** [ænd] 앤드
11	**너**희에게	너희에게, 너에게, 당신에게	**to you** 투 유-
12	**열**릴 것이니	열리다, 열다 ; 열린, 열려 있는 ⑧	**open** [óupən] 오우픈

13	**구**하는	구하다, 요구하다, 질문하다	동	**ask** [æsk] 애스크
14	**이**마다	이마다, 모두 다, 모든 사람	대	**everyone** [évriː-wʌn] 에브리-원
15	**받**을 것이요	받다, 받아들이다, 수락하다	동	**receive** [risíːv] 리시-브
16	**찾**는 이는	찾다, 얻으려고 하다, 추구하다	동	**seek** [siːk] 시-익
17	**찾**아낼 것이요	찾아내다, 발견하다, 알다	동	**discover** [diskʌ́vər] 디스커버
18	**두**드리는	두드리다, 치다, 부딪치다	동	**knock** [nɑk] 낙

19	**이**에게	이, 사람, 인간, 명 인물, 등장인물	**person** [pə́ːrsən] 퍼-슨
20	**열**릴 것이니라	열리다, 열다 ; 동 열린, 열려 있는	**open** [óupən] 오우픈

노아 Noah

⟨위로, 안식 / 창세기 6장 – 10장⟩

하나님은 사람의 죄악이 세상에 가득하고 마음으로 생각하는 모든 계획이 항상 악함을 보시고, 사람을 만드신 것을 마음 아파하시고 홍수로 심판하십니다. 그 때 노아에게 은혜를 베푸시고, 노아의 가정과 땅의 짐승들을 구원하기 위해 방주를 만들라 명령하셨어요.

노아는 하나님의 명령에 따라 묵묵히 명하신대로 잣나무로 방주를 지었고, 방주에는 노아의 여덟 식구와 정결한 짐승은 암수 일곱씩, 부정한 것은 암수 둘씩, 공중의 새도 암수 일곱씩 들어갔어요.

하나님께서는 사십일 동안 밤낮 비가 땅에 쏟아지게 하시어 물이 150일 동안 땅에 넘쳤고, 방주가 아라랏산에 머물렀어요.

물이 빠지자 하나님께서는 다시는 모든 생물을 홍수로 영원히 멸하지 아니할 것이라 무지개로 언약하셨어요.

첫 말 잇기로 외우자!

1	구	구조, 뼈대, 체격, 골격, 조직	명	**frame** [freim] 쁘레임
2	하	하게 하다, 시키다	동	**let** [let] 렛
3	라	라이트, 권리, 올바름, 정의, 정확함	명	**right** [rait] 라이트

4	그	그로우 업, 자라다, 성장하다		**grow up** 그로우 업
5	리	리듬, 율동, 리듬, 주기적 반복	명	**rhythm** [riðəm] 리듬
6	하	하일런드, 고지, 고원, 산지	명	**highland** [hái-lənd] 하이런드
7	면	면접, 회견, 회담, 면회	명	**interview** [intərvjùː] 인터뷰-

8	너	너비, 폭, 가로, 넓이	명	**width** [widə] 위뜨
9	희	희열, 무아경, 황홀, 혼미상태	명	**ecstasy** [ékstəsi] 엑스터시
10	에	에더터, 편집자, 논설위원, 편집 발행인	명	**editor** [édətər] 에더터
11	게	겟 레디 뽀, 준비되다		**get ready for** 겟 레디 뽀

| 12 | 주 | 주버널, 주버나일, 젊은, 어린, 소년소녀의 ; 소년소녀, 아동 | 형 | **juvenile** [dʒúːvənəl, -nàil] 주-버늘,   -나일 |
| 13 | 실 | 실렉션, 선택, 선발, 선정, 발췌 | 명 | **selection** [silékʃ-ən] 실렉션 |

14	것	거주자, 주민, 거주민, 주거자	명	**resident** [rézid-ənt] 레지든트
15	이	이쿼이터, 적도, 주야 평분선	명	**equator** [ikwéitər] 이 쿼 이 러
16	요	요인, 원인, 이유, 까닭, 주장	명	**cause** [kɔːz] 코-즈

17	찾	찾터, 헌장, 선언서, 설립강령	명	**charter** [tʃáːrtər] 챠-터
18	으	어사이드, 곁에, 옆에	부	**aside** [əsáid] 어사이드
19	라	라이크, 좋아하다	동	**like** [laik] 라이크

20	그	그로운, 신음소리 ; 신음하다, 괴로워하다	동	**groan** [groun] 그 로운
21	리	리바이블, 소생, 재생, 부활, 회복	명	**revival** [riváiv-əl] 리 바이 블
22	하	하우, 어떻게, 방법	부	**how** [hau] 하우
23	면	면, 국면, 양상, 모습	명	**aspect** [æspekt] 애스펙

24	찾	찾트, 차트, 도표, 그림, 해도	명 chart [tʃɑːrt] 차트
25	아	아이디어, 생각, 관념, 개념	명 idea [aiðiːə] 아이디어
26	낼	앨러지, 알레르기, 반감, 혐오	명 allergy [ǽlərdʒi] 엘러지

27	것	거꾸러뜨리다, 물리치다, 격퇴하다	동 beat [biːt] 비-트
28	이	이터널, 영구적인, 영원한, 불멸의	형 eternal [itə́ːnəl] 이터-늘
29	요	요약, 개요, 대략, 요약한, 간결한, 간략한	명 summary [sʌ́məri] 서머리

30	문	문학, 문헌, 문예	명 literature [lítərətʃəɾ] 리터러쳐
31	을	얼라이트, 내리다, 하차하다, 착륙하다	동 alight [əláit] 얼라이트

32	두	두 더 디시즈, 설거지하다	do the dishes 두 더 디시즈
33	드	드림, 꿈, 희망, 환상	명 dream [driːm] 드리-임
34	리	리멤버, 기억하다, 상기하다, 생각해내다	동 remember [rimémbəɾ] 리 멘 버-
35	라	라이트, 밝은, 연한, 옅은	형 light [lait] 라이트

36	그	그로운, 신음소리 ; 신음하다, 괴로워하다	명	**groan** [groun] 그로운
37	리	리바이블, 소생, 재생, 부활, 회복	명	**revival** [riváiv-əl] 리바이블
38	하	하우, 어떻게, 방법	부	**how** [hau] 하우
39	면	면, 국면, 양상, 모습	명	**aspect** [æspekt] 애스펙

40	너	너너리, 수녀원, 수녀단	명	**nunnery** [nʌnəri] 너너리
41	히	히든, 숨겨진, 숨긴, 비밀의, a hidden card 숨겨진 카드	형	**hidden** [hídn] 히든
42	에	에그, 알, 달걀	명	**egg** [eg] 에그
43	게	게돈, (말, 차를) 타다, 승차하다		**get on** 게 돈

| 44 | 열 | 열광, 열중, 광 | 명 | **mania** [méiniə] 메이니어 |
| 45 | 릴 | 릴리즌, 신앙, 종교, 신앙심 | 명 | **religion** [rilídʒ-ən] 릴리즌 |

| 46 | 것 | 거대한, 막대한, 큰, 어마어마한 | 형 | **huge** [hju:dʒ] 휴-지 |
| 47 | 이 | 이너슨트, 무구한, 결백한, 무죄의 | 형 | **innocent** [inəsnt] 이너슨트 |

48	니	이슬, (눈물, 땀 등의) 방울	명	**dew** [dju:] 듀-
49	구	구드니스, 친절, 우애, 미덕, 선량	명	**goodness** [gúdnis] 구드니스
50	하	하숙, 투숙, 숙박, 셋방 듦	명	**lodging** [ládʒiŋ / lɔ́dʒ-] 라징 / 로징
51	는	언더웨어, 내의, 속옷	명	**underwear** [ʌ́ndəˌwèəɹ] 언더웨어
52	이	이팅, 먹기, 식사용의, 식용에 맞는	명	**eating** [íːtiŋ] 이 - 딩
53	마	마우뜨, 입, 구강, 입언저리	명	**mouth** [mauθ] 마우뜨
54	다	다이스, 주사위	명	**dice** [dais] 다이스
55	받	(떠)받치다, (들어) 올리다, 지지하다	동	**uphold** [ʌdphóuld] 업호울드
56	을	얼른, 재빨리, 빠르게, 급히, 곧	부	**quickly** [kwíkli] 퀴클리
57	것	거지, 가난뱅이, 빈털터리	명	**beggar** [bégəɹ] 베거
58	이	이디엄, 숙어, 관용구, 통용어	명	**idiom** [ídiəm] 이디엄
59	요	요리사, 조리사, 주방장	명	**chef** [ʃef] 쉐쁘

| 60 | 찾 | **찾다**, 발견하다, 알다, 깨닫다 | 동 | **discover** [diskʌ́vər] 디스커버 |
| 61 | 는 | **언더고우**, 받다, 입다, 경험하다, 겪다 | 동 | **undergo** [ʌndərgóu] 언더고우 |

| 62 | 이 | **이미디이틀리**, 즉시, 직접, 바로 | 부 | **immediately** [imíːdiitli] 이미-디틀리 |
| 63 | 는 | **언노운**, 알려지지 않은, 알 수 없는, 헤아릴 수 없는 | 형 | **unknown** [ʌnóun] 언노운 |

64	찾	**찾아내다**, 발견하다, 알다, ~를 만나다	동	**find** [faind] 빠인드
65	아	**아이스버그**, 빙산, 냉담한 사람	명	**iceberg** [áisˊbəːrg] 아이스버-그
66	낼	**내기**, 건 돈, 취해야 할 방책	명	**bet** [bet] 벳

67	것	**거르다**, 여과하다 ; 여과기	동	**filter** [fíltər] 삘 터
68	이	**이치 아더**, 서로		**each other** 이치 아더
69	요	**요구하다**, 명령하다, 지배하다	동	**command** [kəmǽnd] 커맨드

| 70 | 두 | **두려움**, 무서움, 공포 | 명 | **fear** [fiər] 삐어 |
| 71 | 드 | **드라이**, 마른, 건조한 | 형 | **dry** [drai] 드라이 |

| 72 | 리 | 리턴, 반환, 되돌림 ; 돌려주다 | 명 | **return** [ritə́:rn] 리 터 - 언 |
| 73 | 는 | 언빌리브블, 믿을 수 없는, 거짓말 같은 | 형 | **unbelievable** [ʌnbilí:vəbəl] 언 빌 리 - 버 블 |

74	이	이지, 쉬운, 힘들지 않은, 안락한	형	**easy** [í:zi] 이 - 지
75	에	에이디, 팔십, 80	명	**eighty** [éiti] 에 이 디
76	게	게이프, 하품, 입을 크게 벌림	명	**gape** [geip, gæp] 게 잎, 갶
77	는	언노티스트, 주목되지 않는, 주의를 끌지 않는	형	**unnoticed** [ʌnnóutist] 언 노 우 티 스 트

| 78 | 열 | 열, 발열, 열중, 열광, 흥분 | 명 | **fever** [fí:vər] 삐 - 버 |
| 79 | 릴 | 릴리쁘, 안심, 안도, 구원, 구조 | 명 | **relief** [rilí:f] 릴 리 - 쁘 |

80	것	거짓말 탐지기		**a lie detector** 어 라이 디텍터
81	이	이스때블리시, 확립하다, 설치하다, 개설하다	동	**establish** [istǽbliʃ] 이스때블리쉬
82	니	이루어지다, 실현되다		**come true** 컴 츠루
83	라	라이트 백, 답장하다		**write back** 라이트 백

13

고린도후서 5장 17절

그런즉 누구든지 그리스도 안에 있으면 새로운 피조물이라 이전 것은
지나갔으니 보라 새것이 되었도다

Therefore, if anyone is in Christ, he is a new creation ;
the old has gone, the new has come!
- 2 Corinthians 5:17

단어로 외우자!

1	**그**른즉	그른즉, 그러므로, 따라서	부	**therefore** [ðɛ́ə:ˌfɔ́:ɹ] 데어-뽀-
2	**누**구든지	누구든지, 누구라도, 누군가	대	**anyone** [éniwʌ̀n] 에니원
3	**그**리스도	그리스도, 구세쥬, 메시아	명	**Christ** [kraist] 크라이스트
4	**안**에 있으면	안, 안쪽, 내면 ; 안쪽의, 내면의	명	**inside** [ínsáid] 인사이드
5	**새**로운	새로운, 새로 만들어진, 신식의	형	**new** [nʲúː] 뉴-
6	**피**조물이라	피조물, 창조물, 창조, 창작	명	**creation** [kriːéiʃən] 크리에이션

7	**이**전 것은	이전 것, 옛날 것, 옛것	**the old** 디 오울드
8	**지**나갔으니	지나가다, 통과하다, 건너다 ⑧	**pass** [pæs] 패스
9	**보**라	보다, 바라보다, 만나다, 관찰하다 ⑧	**see** [siː] 시-
10	**새**것이	새 것, 새로운 것, 신품	**the new** 더 뉴-
11	**되**었도다	되다, ~이(으로) 되다, 어울리다 ⑧	**become** [bikʌm] 비컴

첫 말 잇기로 외우자!

1	그	그랜저, 위대, 웅대, 화려, 장관	명 **grandeur** [grǽndʒər] 그 랜 저
2	런	런, 배우다, 익히다, 알다	동 **learn** [ləːrn] 러-언
3	즉	즉시, 즉각, 당장에, ~하자마자	부 **instantly** [ínstəntli] 인스턴틀리

4	누	누트리셔늘, 영양의, 영양물의, 자양물의	형 **nutritional** [njuːtríʃ-ənl] 뉴-트리셔늘
5	구	굿 잡, 잘했어, 훌륭해	**good job** 굿 잡
6	든	던지다, (공을) 토스하다, 급히 던져 올리다	동 **toss** [tɔːs] 토-스
7	지	지하도, 갱도, 굴, 터널	명 **tunnel** [tʌ́nl] 터 늘

8	그	그리스도, 구세주, 메시아	명 **Christ** [kraist] 크라이스트
9	리	리-본, 부활의, 다시 태어난, 부활	형 **Reborn** [riːbɔ́ːrn] 리-보-온 명 **Resurrection** [rèzərékʃ-ən] 레저렉션
10	스	스삐리트, 성령	명 **Spirit** [spírit] 스삐리트
11	도	도미네이터, 지배자	명 **Dominator** [dɑ́mənèitər] 도머네이터 / 다머네이터

| 12 | 안 | 안장, 등 부분, 등심 고기 | 명 saddle [sǽdl] 새들 |
| 13 | 에 | 에코, 메아리, 반향, 반사파, 흉내 | 명 echo [ékou] 에코우 |

14	있	있을 수 없는, 불가능한, 믿기 어려운	형 impossible [impásəbəl] 임파서블
15	으	어글리, 추한, 보기 싫은, 못생긴	형 ugly [ʌgli] 어글리
16	면	면허, 허가, 허용, 인가	명 permission [pəːmíʃən] 퍼-미션

17	새	새도우, 그림자, 투영, 그늘, 어둠	명 shadow [ʃædou] 쉐도우
18	로	로맨스, 연애이야기, 가공적인 이야기	명 romance [roʊmǽns] 로맨스
19	운	운송, 수송, 운수업, 수송업	명 transportation [trænspəːrtéiʃ-ən] 츠랜스퍼-테이션

20	피	피이스, 조각, 단편, 일부, 부분	명 piece [piːs] 피-스
21	조	조이, 기쁨, 환희, 행복, 기쁨거리	명 joy [dʒɔi] 조이
22	물	물레방아	water mill 워러 밀
23	이	이매지네이션, 상상, 상상력, 구상력, 창작력	명 imagination [imædʒənéiʃən] 이매저네이션

24	라	라이어트, 폭동, 소동, 소요죄, 혼란	명	**riot** [ráiət] 라이어트
25	이	이어, 이삭, 옥수수 열매	명	**ear** [iəɾ] 이 어
26	전	전얼리스트, 저널리스트, 신문잡지 기자, 신문인, 언론인	명	**journalist** [dʒə́:ɾnəlist] 저-늘리스트
27	것	거미	명	**spider** [spáidəɾ] 빠이 더
28	은	은반		**ice rink** 아이스 링크
29	지	지역, 지대, 지구, 시간대, 띠 모양의 부분	명	**zone** [zoun] 조운
30	나	나이슬리, 훌륭히, 잘, 좋게, 능숙하게	부	**nicely** [náisli] 나이슬리
31	갔	갓 블레스 유, 건강 조심해, 감기 조심해, 몸조심해.		**God bless you!** 갓 블레 슈
32	으	어겐스트, (~을) 향하여, ~에 부딪 치어, ~에 기대어서	전	**against** [əgénst] 어겐스트
33	니	니고시에이션, 협상, 교섭, 절충	명	**negotiation** [nigòuʃiéiʃən] 니고우시에이션
34	보	보우스트, 뻐기기, 자랑, 허풍 ; 자랑하다	명	**boast** [boust] 보우스트
35	라	라운드, 둥근, 원형의, 구의, 둥그 스름한	형	**round** [raund] 라운드

36	새	새드, 슬픈, 슬픔에 잠긴	형	**sad** [sæd] 새드
37	것	거리, 간격, 사이, 틈	명	**interval** [íntəｒvəl] 인터벌
38	이	이레이저, 지우개, 지우는 사람	명	**eraser** [iréizəｒ] 이레이저
39	되	되풀이, 반복, 재현, 복창	명	**repetition** [rèpətíʃ-ən] 레퍼티션
40	었	었태치, 어태치, 붙이다, 달다, 바르다	동	**attach** [ətǽtʃ] 어태치
41	도	도어웨이, 출입문, 문간	명	**doorway** [dɔ́ːｒwèi] 도-웨이
42	다	다이어트, 식이요법, 규정식, 식품, 음식물	명	**diet** [dáiət] 다이어트

14

고린도전서 10장 13절

사람이 감당할 시험 밖에는 너희가 당한 것이 없나니
오직 하나님은 미쁘사 너희가 감당하지 못할 시험 당함을
허락하지 아니하시고 시험 당할 즈음에 또한 피할 길을 내사
너희로 능히 감당하게 하시느니라

No temptation has seized you except what is common
to man. And God is faithful ; he will not let you be
tempted beyond what you can bear. But when you are
tempted, he will also provide a way out so that you
can stand up under it. - 1 Corinthians 10:13

단어로 외우자!

1	**사**람이	사람, 남자, 남성, 사내, 인간, 인류 ⓜ	**man** [mæn] 맨
2	**감**당할	감당하다, 견디다, 참다, 서다 ⓥ	**stand** [stænd] 스땐드
3	**시**험	시험, 유혹, 유혹함, 광야의 시험 ⓜ	**temptation** [temptéiʃ-ən] 템테이션
4	**밖**에는	밖, ~이외에, ~을 제외하고 ⓟ	**except** [iksépt] 익셉트
5	**너**희가	너희가, 네가, 당신이, 너는 ⓓ	**you** [juː] 유-
6	**당**한 것이	당하다, 겪다, 경험하다, 입다 ⓥ	**suffer** [sʌ́fəɾ] 서뻐

7	없나니	없는, ~없이, ~ 을 갖지 않고 ㉠	**without** [wiðáut] 위다웃
8	오직	오직, 오로지, 단 지, ~만의 ㉨	**only** [óunli] 오운리
9	하나님은	하나님, 조물주, 창조주 ㉢	**God** [gɑd] 갓
10	미쁘사	미쁜, 믿을 수 있는, 믿을만한 ㉠	**faithful** [féiθfəl] 뻬 이 뜨 뻘
11	너희가	너희가, 네가, 당 신이, 너는 ㉲	**you** [juː] 유-
12	감당하지 못할	감당하다, 이겨 내다, 극복하다 ㉱	**overcome** [òuvərkʌ́m] 오우 버 컴

13	**시**험	시험, 유혹, 유혹 함, 광야의 시험 (명)	**temptation** [temptéiʃ-ən] 템테이션
14	**당**함을	당하다, 경험하 다, 겪다 (동)	**suffer** [sʌ́fər] 서뻐
15	**허**락하지	허락하다, 허가 하다, 용납하다 (동)	**permit** [pəːrmít] 퍼-밋
16	**아**니하시고	아니하시다, 하 게 하지 않다, 못하게 하다	**not let** 낫 렛
17	**시**험	시험, 유혹, 유혹 함, 광야의 시험 (명)	**temptation** [temptéiʃ-ən] 템테이션
18	**당**할	당하다, 겪다, 경 험하다 (동)	**suffer** [sʌ́fər] 서뻐

19	즈음에	즈음, 때, 순간, 찰나, 중요성	명	**moment** [móumənt] 모우먼트
20	또	또, 또한, 그리고, 그러면, 그래서	접	**and** [ænd] 앤드
21	피할	피하다, 회피하다, 취소하다	동	**avoid** [əvɔ́id] 어보이드
22	길을	길, 방법, 수단, 도로, 진행	명	**way** [wei] 웨이
23	내사	내다, 제공하다, 주다, 공급하다	동	**provide** [prəváid] 프러바이드
24	너희로	너희로, 너희가, 네가, 당신이	대	**you** [ju:] 유-

25	**능**히	능히, 쉽게, 용이하게, 편하게	부	**easily** [íːzəli] 이-즐리
26	**감**당하게	감당하다, 견디다, 참다 ; 나르다	동	**bear** [bɛ́ɚ] 베어
27	**하**시느니라	하게하다, 원인이 되게 하다 일으키다	동	**cause** [kɔːz] 코-즈

첫 말 잇기로 외우자!

1	사	사이드워크, 인도, 보도, 포장한 보도	명	**sidewalk** [sáidwɔ̀ːk] 사이드워크
2	람	암컷(이리, 개, 여우 따위의)	명	**bitch** [bitʃ] 비 치
3	이	이그잭틀리, 정확하게, 엄밀하게, 엄밀히	부	**exactly** [igzǽktli] 이그잭뜰리
4	감	무빙 스또리, 감동적인 이야기		**moving story** 무빙 스또리
5	당	당연히, 물론		**of course** 어브 코오스
6	할	할 수 있는 한 빨리, 가능한 한 빨리		**as soon as possible** 애즈 수운 애즈 파서블
7	시	시스터, 여자형제, 누이, 언니	명	**sister** [sístəːr] 시스터-
8	험	험, 콧노래를 부르다, 윙윙거리다	동	**hum** [hʌm] 험
9	밖	박싱, 권투, 복싱	명	**boxing** [báksiŋ / bɔ́ks-] 박싱 / 복싱
10	에	에블루션, 진화, 발전, 전개	명	**evolution** [èvəlúːʃən] 에벌루-션
11	는	언더월드, 저승, 황천	명	**underworld** [ʌ́ndərwə̀ːrld] 언더워-얼드

12	너	너스리 라임, 동요, 자장가		**nursery rhyme** 너-얼싱 리듬
13	희	히파크러시, 위선, 위선적 행위, 외식	명	**hypocrisy** [hipάkrəsi] 히파크러시
14	가	가솔린, 휘발유	명	**gasoline** [gæ̀səlí:ǹ] 개설리-인

| 15 | 당 | 당, 당파, 모임, 파티 | 명 | **party**
[pάːrti]
파-리 |
| 16 | 한 | 한 조각, 얇은 조각, 부분, 몫 | 명 | **slice**
[slais]
슬라이스 |

| 17 | 것 | 거닐다, 산책하다, 천천히 걷다 | | **take a walk**
테이 커 워어크 |
| 18 | 이 | 이퀄, 같은, 동등한, 적당한 | 형 | **equal**
[íːkwəl]
이-퀄 |

19	없	업셋, 뒤집어엎다, 전복시키다, 당황케 하다	동	**upset** [ʌpsét] 업셋
20	나	나블, 노블, 소설, 소설문학	명	**novel** [nάv-əl / nóv-] 나블 / 노블
21	니	니들리스, 필요 없는, 쓸데없는, 군더더기의	형	**needless** [níːdlis] 니-들리스

| 22 | 오 | 오더, 차례, 서열, 순서 | 명 | **order**
[ɔ́ːrdər]
오-더 |
| 23 | 직 | 직책, 직, 지위, 위치 | 명 | **position**
[pəzíʃən]
퍼 지 션 |

24	하	하늘나라, 천국, 낙원, 신, 하나님	명	**Heaven** [hévən] 헤 번
25	나	나라, 왕국, 왕토, 신국, 영역	명	**Kingdom** [kíŋdəm] 킹 덤
26	님	임금, 왕, 국왕, 그리스도	명	**King** [kiŋ] 킹
27	은	언이지, 불안한, 걱정되는, 근심스러운, 불편한	형	**uneasy** [ʌníːzi] 어 니 -지
28	미	미스테이크, 잘못, 실수, 틀림	명	**mistake** [mistéik] 미스떼익
29	쁘	뻐니쳐, 가구, 세간	명	**furniture** [fə́ːɲitʃəɾ] 뻐-니쳐-
30	사	사이언티스트, 과학자, 과학연구자	명	**scientist** [sáiəntist] 사이언티스트
31	너	너그러운, 관대한, 아량 있는	형	**generous** [dʒénərəs] 제너러스
32	희	히어, 여기, 여기에, 여기로	부	**here** [hiəɾ] 히 어
33	가	가븐, 통치하다, 다스리다, 지배하다	동	**govern** [gʌ́vəɾn] 가번
34	감	감옥, 구치소, 교도소	명	**prison** [prízn] 프리즌
35	당	당나귀, 나귀, 바보	명	**ass** [æs] 애스

| 36 | 하 | 하여간, 어쨌든, 하여튼 | **at any rate** 애 대니 레이트 |
| 37 | 지 | 지력, 지성, 지능 | 명 **intellect** [íntəlèkt] 인 털 랙 트 |

| 38 | 못 | 못터, 모터, 발동기, 전동기, 자동차 | 명 **motor** [móutəːr] 모우터- |
| 39 | 할 | ~할 예정이다, ~하려고 하다 | **be going to do** 비 고잉 투 두 |

| 40 | 시 | 시큐러티, 안전, 보안, 보호 | 명 **security** [sikjú-əriti] 시큐러디 |
| 41 | 험 | 험한, 위험한, 위태로운, 험악한 | 형 **dangerous** [déindʒərəs] 데 인 저 러 스 |

42	당	당뇨병	명 **diabetes** [dàiəbíːtis] 다이어비-티스
43	함	함리스, 해가 없는, 무해한	형 **harmless** [háːrmlis] 하-암리스
44	을	얼로운, 혼자서의, 고독한, 혼자 힘으로 하는	형 **alone** [əlóun] 얼로운

45	허	허리, 매우 급함, 서두름, 열망	명 **hurry** [həːri] 허-리
46	락	락, 자물쇠를 채우다, 잠그다	동 **lock** [lɑk] 락
47	하	하부에, ~보다 하위에, 아래에,	전 **below** [bilóu] 빌로우

48	지	지오그래삑, 지리적인	형 **geographic** [ʤìːəɡrǽfik] 지-어그래삑
49	아	**아웃백**, 오지, 미개척지	명 **outback** [áutbæ̀k] 아웃백
50	니	**이십**, 이십의	명 **twenty** [twénti] 트 웨 니
51	하	**하룻밤 사이에**, 돌연히, 하룻밤, 밤새껏	부 **overnight** [óuvə ̍náit] 오우버나잇
52	시	**시크니스**, 병, 건강치 못함	명 **sickness** [síknis] 시크니스
53	고	**고우 캠핑**, 캠핑가다	**go camping** 고우 캠핑
54	시	**시이스**, 멈추다, 그만두다, 그치다	동 **cease** [siːs] 시-스
55	험	**험프**, (등허리) 군살, 혹, 둥근 언덕	명 **hump** [hʌmp] 험 프
56	당	**당연하다**, 이상하지 않다, 놀랄 일이 아니다	**no wonder** 노우 원더
57	할	**~할 작정이다**, 마음먹다	**plan to ~** 플랜 트
58	즈	**저축**, 저금, 절약, 검약, 구조	명 **saving** [séiviŋ] 세 이 빙
59	음	**음악**, 악곡, 악보집, 악보	명 **music** [mjúːzik] 뮤 - 직

60	에	에버, 언제나, 늘, 항상, 일찍이, 이제까지, 언젠가	부	**ever** [évər] 에버
61	또	**또온**, 가시, 가시털, 가시로 찌르다, 괴롭히다	명	**thorn** [θɔːrn] 또-온
62	한	**한 줄로 서다**, 죽 서다		**stand in a row** 스땐드 이 너 로우
63	피	**피크**, 산꼭대기, 산봉우리, 절정, 끝, 첨단	명	**peak** [piːk] 피-크
64	할	**할로우**, 속이 빈, 공동의	형	**hollow** [hálou] 할로우
65	길	**길트**, 죄, 유죄, 범죄	명	**guilt** [gilt] 길트
66	을	**얼티메이틀리**, 궁극적으로, 마지막으로	부	**ultimately** [ʌ́ltəmitli] 얼터미를리
67	내	**내과의사**, 의사	명	**physician** [fizíʃən] 삐지션
68	사	**사운드**, 소리, 음, 음향, 울림	명	**sound** [saund] 사운드
69	너	**너쳐**, 양육, 양성, 훈육, 교육	명	**nurture** [nə́ːrtʃəːr] 너-쳐-
70	히	**히터**, 전열기, 가열기, 난로	명	**heater** [híːtəːr] 히-터
71	로	**로비**, 대기실, 응접실, 넓은 방	명	**lobby** [lάbi / lɔ́bi] 라비 / 로비

| 72 | 능 | **능력,** 재능, 수용량, 용량, 자격 | 명 **capacity** [kəpǽsəti] 커패서디 |
| 73 | 히 | **히일,** 뒤꿈치, (동물의) 발, 뒷굽, 뒷발 | 명 **heel** [hi:l] 히-일 |

74	감	**감내하다,** 참다, 인내하다(put up with)	동 **bear** [bɛəʳ] 베 어
75	당	**당구**	명 **billiards** [bíljəʳdz] 빌 려즈
76	하	**하드 레이버,** 중노동	**hárd lábor** 하드 레이버
77	게	**게이어티,** 유쾌, 쾌활, 명랑, 화려	명 **gaiety** [géiəti] 게이어디

78	하	**하락하다,** 내리다, 감소하다, 떨어지다, 넘어지다	동 **fall** [fɔːl] 뽀-올
79	시	**시유레이러,** 나중에 봅시다, 또 만납시다, 그럼 다음에 또, 안녕.	**See you later.** 시 유 레이러
80	느	**느슨해지다,** 긴장을 풀다, 마음을 풀다	동 **relax** [rilǽks] 릴 랙 스
81	니	**이의,** 이견, 반대, 반론, 반감	명 **objection** [əbdʒékʃən] 어브젝션
82	라	**라이벌,** 경쟁자, 적수, 대항자	명 **rival** [ráiv-əl] 라이블

15

요한일서 1장 9절

만일 우리가 우리의 죄를 자백하면 그는 미쁘시고 의로우사
우리 죄를 사하시며 우리를 모든 불의에서 깨끗하게 하실 것이요

If we confess our sins, he is faithful and just and
will forgive us our sins and purify us from all
unrighteousness. - 1 John 1:9

단어로 외우자!

1	**만**일	만일 ~이면 만약 ~하면 ~라고 하면	접	**if** [if] 이쁘
2	**우**리가	우리가, 우리는	대	**we** [wi:] 위-
3	**우**리의 죄를	우리의 죄		**our sin** 아워 신
4	**자**백하면	자백하다, 고백 하다, 인정하다	동	**confess** [kənfés] 컨쀄스
5	**그**는	그는, 그가, 그 사람이	대	**he** [hi:] 히-
6	**미**쁘시고	미쁜, 믿을 수 있는, 약속을 잘 지키는, 충실한	형	**faithful** [féiəfəl] 쀄 이 뜨 쁠

7	**의**로우사	의로운, 올바른, 공정한, 정직한	형	**righteous** [ráitʃəs] 라이처스
8	**우**리 죄를	우리 죄		**our sin** 아워 신
9	**사**하시며	사하다, 용서하다, 탕감하다	동	**forgive** [fəːrgív] 뻐-기브
10	**우**리의	우리의	대	**our** [auər] 아우어
11	**모**든	모든, 전부의, 전체의, 온	형	**all** [ɔːl] 오-올
12	**불**의에서	불의, 부당함, 죄많음, 부정함	명	**unrighteousness** [ʌnráitʃəsnis] 언라이처스니스

13

| 깨 | 끗하게 하 깨끗하게 하다, ⑧
실 것이요 맑게 하다 | **purify**
[pjúərəfài]
퓨 러 빠이 |

인물
탐구

다니엘 Daniel

〈하나님은 나의 재판관이시다 / 다니엘 1장~6장〉

다니엘은 바벨론(이라크) 왕 느부갓네살이 쳐들어왔을 때 바벨론으로 끌려 갔어요. 거기에서 다니엘은 '벨드사살'이라는 바벨론식 이름으로 불려졌어 요. 그는 바벨론 왕궁에서 공부했어요. 그러나 오직 하나님만을 섬겼어요. 그 러자 하나님은 다니엘에게 지혜를 주셔서 느브갓네살의 꿈을 해석하게 하셨 어요. 그래서 하나님의 이름이 높임을 받게 되었고, 계속해서 높은 통치자가 되었어요.

그러자 다니엘을 시기하던 사람들이 음모를 꾸몄어요. 그래서 왕이 한 달 동 안 왕 이외에 다른 신이나 사람에게 기도하면 사자 굴에 던져 죽일 것이라는 조서를 발표하게 했어요. 그러나 다니엘은 모든 사실을 알고 있으면서도 하나 님께 기도하기를 쉬지 않았어요. 그래서 다니엘은 사자굴에 들어가게 되지만 하나님이 천사들을 보내셔서 사자들의 입을 막으시고, 다니엘을 구원해주셨 어요(단 6:22). 이처럼 다니엘을 통해서 하나님만이 유일한 신이라는 사실이 바벨론 온 땅에 증거되어지게 됩니다.

첫 말 잇기로 외우자!

1	만	**만티지**, 몽타주 사진, 합성화법	명	**montage** [mɑntάːʒ] 만 **타**-지
2	일	**일렉트릭**, 전기의, 전기를 띤	형	**electric** [iléktrik] 일렉츠릭
3	우	**우편엽서**, 사제엽서	명	**postcard** [póustkὰːrd] 포우스트카-드
4	리	**리퀘스트**, 요구, 요망, 의뢰	명	**request** [rikwést] 리퀘스트
5	가	**가이드 북**, 여행안내서	명	**guidebook** [gaidˊbùk] 가이드북
6	우	**우표**, 인지, 도장, 인, 소인	명	**stamp** [stǽmp] 스땜프
7	리	**리피트**, 반복하다, 되풀이하다	동	**repeat** [ripíːt] 리피-트
8	죄	**죄**, 범죄, 위반, 반칙, 불법, 위법	명	**offense** [əféns] 어뻰스
9	를	**얼머낵**, 달력, 연감, 역서	명	**almanac** [ɔ́ːlmənæk] 어-얼머낵
10	자	**자기 자신을**, 자신이 ; 스스로	대	**oneself** [wʌnsélf] 완셀쁘
11	백	**백그라운드**, 배경, 이면, 경력, 경험	명	**background** [bǽkgràund] 백그라운드

| 12 | 하 | 하락, 쇠퇴, 하락하다, 쇠하다 | 명 | **decline** [dikláin] 디클라인 |
| 13 | 면 | 면도하기, 수염 깎기 | 명 | **shave** [ʃeiv] 쉐이브 |

| 14 | 그 | 그레이틀리, 큼직하게, 크게, 대단히 | 부 | **greatly** [gréitli] 그레이뜰리 |
| 15 | 는 | 언클린, 깨끗하지 않은, 분명치 않은 | 형 | **unclean** [ʌnklíːn] 언클리-인 |

16	미	미너럴, 광물, 무기물 ; 광물의	명	**mineral** [mínərəl] 미느럴
17	쁘	뻐밀려, 친한, 가까운, 잘 알려진, 익숙한	형	**familiar** [fəmíljəɾ] 뻐밀려
18	시	시리즈, 일련, 연속, 연속물	명	**series** [síːəriːz] 시리-즈
19	고	고울드, 금	명	**gold** [gould] 고울드

20	의	의붓아들	명	**stepson** [stépsʌn] 스뗍선
21	로	로우어, 낮추다, 내리다, 낮게 하다, 내려가다	동	**lower** [lóuəɾ] 로우어
22	우	우주비행사	명	**astronaut** [æstrənɔːt] 애스트러나앗
23	사	사이트시잉, 관광, 구경, 유람	명	**sightseeing** [sáitsìːiŋ] 사이트시-잉

24	우	우주, 공간, 장소, 여지, 구역	명 **space** [speis] 스뻬이스
25	리	리쀼즈, 거절하다, 거부하다, 물리치다, 사절하다	동 **refuse** [rifjúːz] 리쀼-즈

26	죄	죄, 범죄, 위법, 법률 위반	명 **crime** [kraim] 크라임
27	를	얼리 앤 레이트, 아침부터 밤늦게까지	**early and late** 얼리 앤 레이드

28	사	사이렌, 경보기, 마녀, 요부, 괴미인, 유혹자	명 **siren** [sái-ərən] 사이런
29	하	하찮은, 대단치 않은, 평범한, 사소한	형 **trivial** [tríviəl] 츠리비얼
30	시	시, 보다, 바라보다	동 **see** [siː] 시-
31	며	머씨, 자비, 연민, 인정, 고마운 일	명 **mercy** [mə́ːrsi] 머-시

32	우	우산, 산하, 보호	명 **umbrella** [ʌmbrélə] 엄브렐러
33	리	리바이브, 소생하게하다, 회복시키다, 부활시키다	동 **revive** [riváiv] 리바이브
34	를	얼터게더, 아주, 전부, 합계하여	부 **altogether** [ɔ̀ːltəgéðər] 어-얼터게더

35	모	모뜨, 나방	명 **moth** [mɔ(ː)θ] 모(-)뜨

36	든	던지다, 내던지다, 투수를 맡다, 등판하다	동	**pitch** [pitʃ] 피 치
37	불	불, 황소, 수컷	명	**bull** [bul] 불
38	의	의논, 토론, 심의, 검토	명	**discussion** [diskʌʃən] 디스커션
39	에	에너지, 정력, 활기, 에너지	명	**energy** [énərdʒi] 에 너 지
40	서	서브웨이, 지하철, 지하도	명	**subway** [sʌ́bwèi] 서브웨이
41	깨	깨끗한, 맑은, 투명한	형	**clear** [kliər] 클 리 어
42	끗	끄다, tune off the lights[radio] 불[라디오]을 끄다.		**turn off** 터어 노쁘
43	하	하소연하다, 항변하다, 변호하다	동	**plead** [pli:d] 플리-드
44	게	게다가, 더더욱, 그 위에, 또한	부	**moreover** [mɔːróuvəːr] 모-로우버-
45	하	하소연, 불평, 고충, 찡찡거림, 우는 소리	명	**complaint** [kəmpléint] 컴플레인트
46	실	실크, 비단, 명주실, 생사, 견직물	명	**silk** [silk] 실 크
47	것	거미집, 직물, 천	명	**web** [web] 웹

48	이	이치, 각각, 각자의	형	**each** [iːtʃ] 이-치
49	요	**요**행스러운, 운이 좋은, 행운의, 복 받은, 재수가 좋은	형	**fortunate** [fɔ́ːrtʃ-ənit] 포-처니트

16

잠언 8장 17절

나를 사랑하는 자들이 나의 사랑을 입으며
나를 간절히 찾는 자가 나를 만날 것이니라

I love those who love me, and those who seek me find
me. - Proverbs 8:17

단어로 외우자!

1 **나**를   나를, 나에게, 내게   ⑭
me
[miː]
미-

2 **사**랑하는   사랑하다, 좋아하다, 아끼다   ⑧
love
[lʌv]
러브

3 **자**들이   자들, 사람들, 세상 사람들   ⑲
people
[píːpl]
피-플

4 **나**의 사랑을   나의 사랑
my love
마이 러브

5 **입**으며   입다, 누리다, 받다, 맛보다, 즐기다   ⑧
receive [risíːv]
리시-브
enjoy [endʒɔ́i]
엔조이

6 **나**를   나를, 나에게, 내게   ⑭
me
[miː]
미-

7	**간**절히	간절히, 진심으로, 마음으로부터	부	**heartily** [há:rtʌli] 하-틀리
8	**찾**는	찾다, 노력하다, 추구하다	동	**seek** [si:k] 시-익
9	**자**가	자, 사람들, 세상 사람들	명	**people** [pí:pl] 피-플
10	**나**를	나를, 나에게, 내게	대	**me** [mi:] 미-
11	**만**날 것이니라	만나다, 마주치다, 얼굴을 대하다	동	**meet** [mi:t] 미-잇

첫 말 잇기로 외우자!

1	나	**나이슬리**, 좋게, 잘, 능숙하게	부	**nicely** [náisli] 나이슬리
2	를	**얼모스트**, 거의, 거반, 대체로	부	**almost** [ɔ́:lmoust] 어-얼모우스트

3	사	**사이드**, 쪽, 측면, 측, 면	명	**side** [said] 사이드
4	랑	**앙금**, 침전물, 퇴적물	명	**sediment** [sédəmənt] 세더먼트
5	하	**하자 없는**, 완벽한, 더할 나위 없는	형	**perfect** [pə́:rfikt] 퍼-뻭트
6	는	**언카버**, 폭로하다, 적발하다, 밝히다	동	**uncover** [ʌnkʌ́vər] 언 카 버

7	자	**자유로운**, 속박 없는, 얽매이지 않는	형	**free** [fri:] 쁘리-
8	들	**들끓다**, 가득 매우다, 몰려들다 ; 혼잡, 붐빔	동	**jam** [dʒæm] 잼
9	이	**이스케잎**, 도망, 탈출 ; 달아나다, 탈출하다	명	**escape** [iskéip] 이스케잎

10	나	**나이틀롱**, 밤새도록, 철야의	형	**nightlong** [náitlɔ̀:ŋ] 나이틀로-옹
11	의	**의지에 반하여**, 의지와는 반대로		**against will** 어겐스트 윌

12	사	사퍼모어, 2학년생, 이년차 학생, 선수	명	**sophomore** [sáf-əmɔ̀ːʃ] 사 뻐 모 -
13	랑	앙상한, 드문드문한, 빈약한	형	**thin** [θin] 띤
14	을	얼핏 보다, ~을 훑어보다		**take a look at ~** 테이크 룩 앳

15	입	입술, 입, 말	명	**lip** [lip] 립
16	으	어보이드, 피하다, 회피하다	동	**avoid** [əvɔ́id] 어보이드
17	며	머쉬룸, 버섯, 양송이, 버섯모양의 물건	명	**mushroom** [mʌ́ʃru(ː)m] 머시루(-)움

| 18 | 나 | 나이트폴, 해질녘, 황혼 | 명 | **nightfall** [náitfɔ̀ːl] 나이트 뽈-올 |
| 19 | 를 | 얼소우, 또한, 역시, 똑같이 | 부 | **also** [ɔ́ːlsou] 어-얼소우 |

20	간	간첩, 첩자, 밀정, 탐정, 정찰	명	**spy** [spai] 스빠이
21	절	절도범, 도둑, 도적, 좀도둑	명	**thief** [θiːf] 띠 - 쁘
22	히	히터, 타자, 치는 사람	명	**hitter** [hítəʃ] 히러

| 23 | 찾 | 찾다, 방문하다, 시찰하다, 위문하다 | 동 | **visit** [vízit] 비지트 |

24	는	**언어학자,** 어학자, 언어전문가	명 **linguist** [língwist] 링귀스트
25	자	**자료,** 데이터, 정보	명 **data** [déitə] 데이터
26	가	**가스펠 송,** 복음성가	**gospel song** 가스플 송
27	나	**나이스,** 좋은, 훌륭한, 맛있는	형 **nice** [nais] 나이스
28	를	**얼굴빛,** 안색, 피부색, 외관	명 **complexion** [kəmplékʃən] 컴플렉션
29	만	**만화,** 생기, 활기, 만화영화	명 **animation** [ænəméiʃən] 애너메이션
30	날	**날카로운,** 예리한, 예민한	형 **keen** [ki:n] 키-인
31	것	**거취,** 거동, 태도, 마음가짐, 자세	명 **attitude** [ǽtitjù:d] 애디튜-드
32	이	**이어링,** 귀걸이, 귀고리	명 **earring** [íərìŋ] 이어링
33	니	**니프,** (집게발 따위가) 물다, 집다, 꼬집다	동 **nip** [nip] 닙
34	라	**라이트,** 바로, 꼭, 아주	부 **right** [rait] 라이트

고린도전서 13장 13절

그런즉 믿음, 소망, 사랑, 이 세 가지는 항상 있을 것인데
그 중의 제일은 사랑이라

And now these three remain : faith, hope and love.
But the greatest of these is love.
- 1 Corinthians 13:13

➕ 단어로 외우자!

1	**그**른즉	그른즉, 그러므로, 따라서 (부)	**thus** [ðʌs] 더스
2	**믿**음	믿음, 신앙, 신념, 확신, 신뢰 (명)	**faith** [feiθ] 뻬이뜨
3	**소**망	소망, 희망, 기대, 가망 ; 희망하다 (명)	**hope** [houp] 호웊
4	**사**랑	사랑, 애정, 호의, 자애, 자비 (명)	**love** [lʌv] 러브
5	**이**세 가지는	이 세 가지	**these three** 디-즈 뜨리-
6	**항**상	항상, 늘, 언제나, 영구히 (부)	**always** [ɔ́:lweiz] 오-올웨이즈

7	**있**을 것인데	있다, 존재하다, 실재하다, 생존하다 ⑧	**exist** [igzíst] 이그지스트
8	**그** 중의	그 중에, 그들 중에, 그들 가운데	**among them** 어멍 뎀
9	**제**일은	제일, 최고, 가장 중요한 것	**number one** 넘버- 원
10	**사**랑이라	사랑, 애정, 호의, 자애, 자비 ⑲	**love** [lʌv] 러브

첫 말 잇기로 외우자!

1	그	그래머, 문법, 문법론	명	**grammar** [grǽmər] 그래머
2	런	런 드라이, 말라버리다, 부족하다		**run dry** 런 드라이
3	즉	즉시, 당장		**at once** 애드 완스

4	믿	믿스테리, 미스트리, 신비, 불가사의, 비밀	명	**mystery** [míst-əri] 미스트리
5	음	음식물 쓰레기		**food waste** 뿌드 웨이스트

6	소	소스, 근원, 원천, 출처	명	**source** [sɔːrs] 소-스
7	망	망설임, 주저, 머뭇거림, 말을 더듬음	명	**hesitation** [hèzətéiʃən] 헤저테이션

8	사	사커, 축구	명	**soccer** [sɑ́kəːr] 사커-
9	랑	앙금앙금 기다, 포복하다, 네발로 기다	동	**crawl** [krɔːl] 크로-올

10	이	이삐션트, 능률적인, 효과적인, 유능한	형	**efficient** [ifíʃənt] 이삐션트

11	세	세미나, 연구집회	명	**seminar** [sémənàːr] 세머나아-

12	가	가끔, 이따금씩, 때때로,		**from time to time** 쁘롬 타임 트 타임
13	지	지브러, 얼룩말, 얼룩무늬가 있는	명	**zebra** [zí:brə] 지 - 브 러
14	는	언카먼, 흔하지 않은, 보기 드문, 진귀한	형	**uncommon** [ʌnkámən] 언 카 먼
15	항	항아리, 단지, 원통형 그릇	명	**pot** [pɑt] 팟
16	상	상, 조상, 조각상	명	**statue** [stǽtʃu:] 스때쥬-
17	있	있다, 가지고 있다, 소유하다	동	**possess** [pəzés] 퍼 제 스
18	을	얼음, 빙하	명	**glacier** [gléiʃər] 글레이셔
19	것	거주지, 거처, 주거지, 주거	명	**residence** [rézid-əns] 레지든스
20	인	인트리스트, 관심, 흥미, 이익	명	**interest** [intərist] 인트리스트
21	데	데스크, 책상	명	**desk** [desk] 데 스 크
22	그	그레이드, 등급, 계급, 학년	명	**grade** [greid] 그레이드
23	중	중요한, 주요한, 주된, 주요 부분을 이루는	형	**main** [mein] 메인

24	의	**의학의**, 의술의, 의료의, 의약의	형	**medical** [médik-əl] 메디클

25	제	**제스트**, 농담, 농, 익살, 조롱, 놀림	명	**jest** [dʒest] 제스트
26	일	**일렉트**, 선거하다, 뽑다, 선택하다	동	**elect** [ilékt] 일렉트
27	은	**은총을 내리다**, 축복하다	동	**bless** [bles] 블레스

28	사	**사이언스**, 과학, 자연과학	명	**science** [sáiəns] 사이언스
29	랑	**앙증스러운**, 작은, 조그마한	형	**tiny** [táini] 타이니
30	이	**이빽티브**, 효과적인, 유효한, 인상적인	형	**effective** [iféktiv] 이빽티브
31	라	**라이스**, 쌀, 밥, 벼	명	**rice** [rais] 라이스

18

이사야 26장 3절

주께서 심지가 견고한 자를 평강하고 평강하도록 지키시리니 이
는 그가 주를 신뢰함이니이다

You will keep in perfect peace him whose mind is
steadfast, because he trusts in you.
- Isaiah 26:3

단어로 외우자!

1	주께서	주, 주인, 지배자, 군주, 하나님	명	**Lord** [lɔːrd] 로-드
2	심지가	심지, 마음, 성향, 정신	명	**mind** [maind] 마인드
3	견고한	견고한, 확고한, 고정된, 불변의	형	**steadfast** [stédfæst] 스떼드빼스트
4	자를	자, 사람, 인물, 등장인물	명	**person** [pə́ːrsən] 퍼슨
5	평강하고	평강, 평화, 태평, 평온, 평정	명	**peace** [piːs] 피-스
6	평강하도록	평강, 평화, 태평, 평온, 평정	명	**peace** [piːs] 피-스

7	**지**키시리니	지키다, 지켜보다, 망보다	동	**watch** [watʃ] 와치
8	**이**는	이것, 이 일, 이 물건	대	**this** [ðis] 디스
9	**그**가	그가, 그는, 그 사람은, 그 사람이	대	**he** [hiː] 히-
10	**주**를	주, 주인, 지배자, 군주, 하나님	명	**Lord** [lɔːrd] 로-드
11	**신**뢰함이니이다	신뢰하다, 믿다, 신용하다 ; 신뢰	동	**trust** [trʌst] 트러스트

첫 말 잇기로 외우자!

1	주	주인, 지배자, 군주, 하나님, 주, 그리스도	명 **Lord** [lɔːrd] 로-드
2	께	~께, 폐하, 왕, 각하, 주권, 권위, 존엄	명 **majesty** [mǽdʒisti] 매지스디
3	서	서든, 갑작스런, 돌연한, 불시의, 별안간의	형 **sudden** [sʌ́dn] 서든
4	심	심, ~으로 보이다, ~인 것 같다	동 **seem** [siːm] 시-임
5	지	지푸라기, 밀짚, 짚, 짚 한 오라기, 빨대	명 **straw** [strɔ:] 스트로-
6	가	가이더, 안내자, 지도자, 인도자	명 **guider** [gáidər] 가이더
7	견	견해, 의견, 지론, 소신	명 **opinion** [əpínjən] 어피년
8	고	고독한, 혼자서의, 혼자 힘으로 하는	형 **alone** [əlóun] 얼로운
9	한	한 아름 ; an armful of wood 한 아름의 장작	명 **armful** [ɑ́ːrmfùl] 아 - 암 뿔
10	자	자본, 원금, 밑천, 수도, 대문자	명 **capital** [kǽpitl] 캐피를
11	를	얼, 모든, 전부의 ; 모두, 일체	형 **all** [ɔ:l] 어-얼

12	평	평균, 평균치, 보통	명	**average** [ǽvəridʒ] 애브리지
13	강	강탈하다, 앗아가다, 와락 붙잡다	동	**snatch** [snætʃ] 스내치
14	하	하품하다, (입 따위가) 크게 벌어지다, 하품	동	**yawn** [jɔːn] 야-안
15	고	고전적인, 모범적인, 표준적인	형	**classical** [klǽsikəl] 클래시클

16	평	평균, 평균치, 보통	명	**average** [ǽvəridʒ] 애브리지
17	강	강탈하다, 앗아가다, 와락 붙잡다	동	**snatch** [snætʃ] 스내치
18	하	하품하다, (입 따위가) 크게 벌어지다, 하품	동	**yawn** [jɔːn] 야-안
19	도	도미터리, 기숙사, 큰 공동 침실	명	**dormitory** [dɔ́ːmətɔ̀ːri] 도-미토-리
20	록	록코모티브, 로코모티브, 기관차	명	**locomotive** [lòukəmóutiv] 로우커모우티브

21	지	지저귀다, 찍찍 울다, 재잘재잘 지껄이다	동	**twitter** [twítəːr] 트위터-
22	키	키드니, 신장, 콩팥, 성질, 기질	명	**kidney** [kídni] 키드니
23	시	시티, 도시, 도회, 시	명	**city** [síti] 씨디

| 24 | 리 | 리딩, 읽기, 독서, 낭독 | 명 **reading** [rí:diŋ] 리 - 딩 |
| 25 | 니 | 니글렉트, 게을리 하다, 무시하다, 경시하다 | 동 **neglect** [niglékt] 니글렉트 |

| 26 | 이 | 이븐, 저녁 ; ~조차도 ; 평평한, 짝수의 | 부 **even** [í:vən] 이 - 븐 |
| 27 | 는 | 언트루, 진실이 아닌, 허위의 | 형 **untrue** [ʌntrú:] 언츠루- |

| 28 | 그 | 그레이브, 무덤, 중대한 | 명 **grave** [greiv] 그레이브 |
| 29 | 가 | 가드너, 정원사, 원예가 | 명 **gardener** [gá:rdnər] 가-드너 |

| 30 | 주 | 주인, 지배자, 군주, 하나님, 주, 그리스도 | 명 **Lord** [lɔ:rd] 로-드 |
| 31 | 를 | 얼로운, 혼자서의, 고독한, 혼자 힘으로 하는 | 형 **alone** [əlóun] 얼로운 |

32	신	신앙, 믿음, 신념, 확신, 신용	명 **faith** [feiθ] 뻬이뜨
33	뢰	뢰더, 래더, 오히려	부 **rather** [rǽðə:r] 래더-
34	함	함께 일하는 친구, 동료	명 **co-worker** [kouwə́:rkə:r] 코우워-커-
35	이	이븐 넘버, 짝수	**even number** 이븐 넘버

36	니	니트, 산뜻한, 말쑥한, 깔끔한	형 **neat** [niːt] 니-트
37	이	이브닝, 저녁, 해질녁, 밤	명 **evening** [íːvniŋ] 이-브닝
38	다	다이제스트, 소화하다, 삭이다, 이해하다, 납득하다	동 **digest** [daidʒést] 다이제스트

요나 Jonah

〈비둘기 / 요나 1장~4장〉

요나는 이스라엘의 스불론이라는 땅에 살고 있었어요.

어느 날 하나님께로부터 요나는 앗수르(시리아)의 수도 니느웨에 가서 복음을 전하라는 말씀을 들었어요. 하지만 요나는 가기 싫어했어요. 그 당시 이스라엘은 앗수르와 원수사이였거든요! 그래서 그는 배를 타고 다시스라는 곳으로 도망을 갔어요. 하지만 주님은 바다에 풍랑을 일으키셔서 요나의 길을 막으셨고 요나는 바다에 빠져 물고기 뱃속에서 3일 동안 있었어요.

이 때 요나는 하나님께 잘못을 빌었고 하나님은 물고기로 하여금 요나를 니느웨 땅에 토해내게 하셨어요. 하지만 요나는 앗수르가 싫었어요. 그래서 대충 복음을 전했어요. 그런데 앗수르 사람들이 모두 뉘우쳤어요. 하나님께 용서해달라고 기도를 하는 거에요! 그래서 하나님은 앗수르를 용서해 주셨어요.

여기에 대해 요나가 슬퍼하자 주님은 앗수르 민족들이 귀하다는 것을 말씀하심으로 하나님의 절대적인 사랑을 가르쳐 주셨습니다.

19

빌립보서 4장 9절

너희는 내게 배우고 받고 듣고 본 바를 행하라
그리하면 평강의 하나님이 너희와 함께 계시리라

Whatever you have learned or received or heard from
me, or seen in me — put it into practice. And the God
of peace will be with you.
- Philippians 4:9

단어로 외우자!

1	**너**희는	너희는, 그대들은, 당신들은	대	**ye** [ji:] 이-
2	**내**게	내게, 나에게서, 내게서 부터		**from me** 쁘람 미-
3	**배**우고	배우다, 익히다, 암기하다, 기억하다	동	**learn** [ləːɾn] 러-언
4	**받**고	받다, 받아들이다, 수용하다	동	**receive** [risíːv] 리시-브
5	**들**고	듣다, 귀 기울이다, 들리다	동	**hear** [hiəɾ] 히어
6	**본** 바를	본 바, 본 것, 본 적이 있는 것		**what you have seen.** 왓 유 해브 시-인

7	**행**하라	행하다, 실행하다, 실천하다 : 실행 (동)
		practice [præktis] 프 랙 티 스
8	**그**리하면	그리하면, 그러면 만약 그렇게 하면
		if so 이쁘 소우
9	**평**강의	평강, 평화, 태 평, 평정, 평온 (명)
		peace [piːs] 피-스
10	**하**나님이	하나님, 조물주, 창조주 (명)
		God [gɑd] 갓
11	**너**희와	너희와, 너와, 너 와 함께, 당신과
		with you 위쥬-
12	**함**께 계시리라	(너희와) 함께 있다, 함께하다
		be with you 비 위드 유

첫 말 잇기로 외우자!

1	너	**너스리 테일,** 동화, 옛날이야기	**nursery tale** 너얼스리 테일
2	희	**희어,** 듣다, 전해 듣다	동 **hear** [hiəʌ] 히어
3	는	**언어웨어,** 알지 못하는, 눈치 채지 못하는	형 **unaware** [ʌnəwέəʌ] 언어웨어
4	내	**내일,** 명일, 가까운 장래	명 **tomorrow** [təmɔ́:rou] 터모-로우
5	게	**게다가,** 그 밖에, 그 외에, 달리	부 **else** [els] 엘스
6	배	**배를,** 전투, 싸움, 전쟁, 투쟁	명 **battle** [bǽtl] 배를
7	우	**우먼,** 여자, 여성, 부인	명 **woman** [wúmən] 우먼
8	고	**고우 어헤드,** 말씀하세요, 계속하세요.	**Go ahead.** 고우 어헤드
9	받	**받는 사람,** 잡는 사람, 포수	명 **catcher** [kǽtʃəʌ] 캐쳐
10	고	**고용인,** 종업원, 직원	명 **employee** [implɔ́ii:] 임플로이-
11	듣	**듣다,** 귀를 기울이다, 경청하다	동 **listen** [lísən] 리슨

12	고	고우 온, 계속하다, 다시 나가다		go on 고우 온
13	본	본, 타고난, 선천적인, 천부의	형	born [bɔːrn] 보-온
14	바	바인, 덩굴, 덩굴식물, 포도나무	명	vine [vain] 바 인
15	를	얼굴표정, 안색, 외관, 모양	명	look [luk] 룩
16	행	행, 교수형에 처하다	동	hang [hæŋ] 행
17	하	하강, 하산, 내리막길, 몰락	명	descent [disént] 디 센트
18	라	라이, 거짓말하다	동	lie [lai] 라이
19	그	그로운-업, 성인, 어른(adult)	명	grown-up [gróunʌp] 그로우넙
20	리	리얼라이즈, 깨닫다, 실현하다	동	realize [ríːəlàiz] 리얼라이즈
21	하	하자, 결점, 결함, 약점, 흠, 부족	명	defect [difékt] 디 펙트
22	면	면, 쪽, 페이지, 한 장	명	page [peidʒ] 페 이 지
23	평	평안, 안녕	명	well-being [wel-bíːiŋ] 웰 비-잉

| 24 | 강 | 강 | 몡 **river** [rívə:*r*] 리 버 - |
| 25 | 의 | 의지, 뜻, 소원, 유언 | 몡 **will** [wil] 윌 |

26	하	하늘나라, 천국, 낙원, 신, 하나님	몡 **Heaven** [hévən] 헤 번
27	나	나라, 왕국, 왕토, 신국, 영역	몡 **Kingdom** [kíŋdəm] 킹 덤
28	님	임마누엘, 우리와 함께 하시는 하나님 = God with us	몡 **Immanuel** [imǽnjuəl] 임 매 뉴 얼
29	이	이로우즌, 부식, 침식, 침식작용	몡 **erosion** [iróuʒən] 이 로 우 즌

30	너	너 자신을, 당신 자신을[에게]	대 **yourself** [juə:*r*sélf] 유어-셀쁘
31	희	희망하다, 바라다, 욕구하다, 원하다	동 **desire** [dizáiə*r*] 디자이어
32	와	와인, 포도주, 과실주	몡 **wine** [wain] 와 인

| 33 | 함 | 함유하다, 포함하다, 담고 있다 | 동 **contain** [kəntéin] 컨 테 인 |
| 34 | 께 | ~께, ~때(쯤), ~경에 | 부 **around** [əráund] 어라운드 |

| 35 | 계 | 계획, 계략, 음모, 책략, 줄거리, 각색 | 몡 **plot** [plɑt] 플 랏 |

36	시	시저즈, 가위	명 **scissors** [sízə:rz] 시저-즈
37	리	리시브, 받다, 수령하다	동 **receive** [risí:v] 리시-브
38	라	라이어블, 책임을 져야 할, 지급 할 책임이 있는	형 **liable** [láiəbəl] 라이어블

요셉 Joseph

〈번성케 하소서 / 창세기 37장 – 50장〉

요셉은 야곱의 11번째 아들로서 어머니는 라헬이에요. 그의 동생인 베냐민을 낳던 중 세상을 떠났어요. 야곱은 특별히 요셉을 더 사랑했다고 해요. 그리고 요셉은 아버지와 형들이 자기에게 절을 하는 꿈을 꾸었어요. 그러자 형들이 요셉을 아주 미워했어요. 그래서 아버지 몰래 요셉을 애굽(이집트)에 팔아버렸어요. 요셉은 바로(애굽 왕)의 시위대장이었던 보디발에게 팔렸는데 하나님이 도와주셔서 일을 아주 잘했어요. 그러다가 보디발의 부인에게 미움을 받아 감옥에 갇혔어요. 그러던 중 죄를 짓고 감옥에 들어와 있던 바로 왕의 두 신하의 꿈을 해몽해 주기도 했어요.

그러던 어느 날 바로가 요셉을 불러 자기가 꾼 이상한 꿈을 해몽해 달라고 했어요. 약한 소 7마리가 살진 소 7마리를 잡아먹었고 마른 곡식 7개가 살진 곡식 7개를 잡아먹었다는 거에요. 요셉은 여기에 대해 이제 곧 7년의 풍년과 7년의 흉년이 있을 것이라고 말한 후 흉년에 대한 대비를 하라고 말했어요. 그러자 바로 왕은 요셉을 애굽의 총리로 임명해 그 일을 하게 했어요.

20

요한복음 14장 27절

평안을 너희에게 끼치노니 곧 나의 평안을 너희에게 주노라 내
가 너희에게 주는 것은 세상이 주는 것과 같지 아니하니라
너희는 마음에 근심하지도 말고 두려워하지도 말라

Peace I leave with you : my peace I give you. I do not
give to you as the world gives. Do not let your hearts
be troubled and do not be afraid.
- John 14:27

단어로 외우자!

1	**평**안을	평안, 평화, 태평, 평정, 평온 ⑲	**peace** [piːs] 피-스
2	**너**희에게	너희에게, 너희와 함께	**with you** 위쥬-
3	**끼**치노니	끼치다, 영향을 주다, 감화하다 ⑧	**influence** [ˈinfluːəns] 인쁠루-언스
4	**곧**	곧, 즉 말하자면, 다시 말하면	**in other words** 이나더 워-즈
5	**나**의 평안을	나의 평안	**my peace** 마이 피-스
6	**너**희에게	너희에게, 너희를, 너에게, 너를 ⑭	**you** [juː] 유-

7	**주**노라	주다, 공급하다, 배급하다	동

supply
[səplái]
서플라이

| 8 | **내**가 너희에게 주는 것은 | 내가 너희에게 주는 것 | |

what I give you.
와 다이 기브 뷰.

| 9 | **세**상이 주는 것과 | 세상이 주는 것 | |

what the world gives.
왓 더 워-얼드 기브즈

| 10 | **같**지 아니하니라 | 같지 않은, 다른, 서로 다른 | 형 |

different
[dífərənt]
디쁘런트

| 11 | **너**희는 | 너희는, 너는, 당신은, 당신들은 | 대 |

you
[juː]
유-

| 12 | **마**음에 | 마음, 심정, 심장, 가슴, 애정 | 명 |

heart
[hɑːɾt]
하-트

13	**근** 심 하 지 도 말고	근심하지 마라. 걱정하지 마라.

Don't worry.
도운 워리

14	**두** 려 워 하 지 도 말라	두려워 말라. 겁먹지 마라.

Don't be afraid.
도운트 비 어쁘레이드

사무엘 Samuel

〈하나님의 이름 / 사무엘상 1~15장〉

사무엘의 어머니는 한나인데 자식이 없어 매우 슬퍼하며 "아들을 주시면 그를 하나님께 드리겠습니다." 라고 기도했어요. 이렇게 해서 태어난 아들이 사무엘이었어요.

사무엘은 성전에서 자랐고 커서 위대한 선지자가 되었어요.

그 당시 블레셋(팔레스타인) 민족들이 이스라엘을 무척 괴롭혔어요.

사무엘은 이스라엘 사람들을 미스바라는 곳에 모이게 한 후 함께 제사를 드리고 기도하게 했어요. 이 때 블레셋 사람들이 쳐들어오자 하나님은 하늘에서부터 큰 우레를 치셔서 블레셋을 물리치셨고 이스라엘은 그들에게 빼앗긴 땅을 되찾았어요. 그 후로도 사무엘은 이스라엘을 훌륭하게 다스렸답니다.

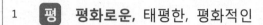

첫 말 잇기로 외우자!

1	평	평화로운, 태평한, 평화적인	형	**peaceful** [píːsfəl] 피-스쁠
2	안	안부전하다, Say hello to your mother. 어머니에게 안부 전해 주세요		**say hello** 세이 헬로우
3	을	얼롱, (~을) 따라서, ~을 끼고, 따라, 죽	전	**along** [əlɔ́ːŋ] 얼로-옹

4	너	너비가 넓은, 폭이 넓은, 광대한, 광범위한	형	**broad** [brɔːd] 브로-드
5	희	히이드, 주의, 유의, 배려, 조심	명	**heed** [hiːd] 히-드
6	에	에어, 공기, 대기, 모양	명	**air** [ɛər] 에어
7	게	게이어티, 유쾌, 쾌활, 명랑, 환락	명	**gaiety, gayety** [géiəti] 게이어디

8	끼	끼워 넣다, 끼우다, 삽입하다	동	**insert** [insə́ːrt] 인서-트
9	치	치어, 환호, 갈채, 만세	명	**cheer** [tʃiər] 치어
10	노	노바디, 아무도 ~않다	대	**nobody** [nóubàdi] 노우바디
11	니	이제부터, 지금부터		**from now on** 쁘롬 나우 온

12	곧	**곧,** 이윽고, 이내, 급히, 빨리	부	**soon** [suːn] 수-운
13	나	**나이트클럽**	명	**nightclub** [náitklʌb] 나 잇 클 럽
14	의	**의문,** 문제, 연습문제, 귀찮은 일	명	**problem** [prábləm] 프라블럼
15	평	**평가하다,** (값을) 쳐주다, 인정하다	동	**value** [vǽljuː] 밸류-
16	안	**인사이드,** 안쪽, 내면, 내부, 안	명	**inside** [insáid] 인사이드
17	을	**얼웨이즈,** 늘, 언제나, 항상, 전부터	부	**always** [ɔ́ːlweiz] 어-얼웨이즈
18	너	**너리쉬,** 기르다, 자양분을 주다, 육성하다	동	**nourish** [náːriʃ] 너-리시
19	희	**희어리띠즈,** 여기 있습니다.		**Here it is.** 히어 리 띠즈
20	에	**에브리바디,** 각자 모두, 누구도	대	**everybody** [évribàdi] 에브리바디
21	게	**겟 베더,** 좋아지다, 나아지다		**get better** 겟 베러
22	주	**주피터,** 목성	명	**Jupiter** [dʒúːpətər] 주-피더
23	노	**노오멀,** 정상의, 보통의, 표준적인	형	**normal** [nɔ́ːrm-əl] 노-믈

24	라	라이브, 살아있는, 생생한, 생방송의	형	**live** [laiv] 라이브

25	내	내, 시내, 개울, 흐름, 조류	명	**stream** [stri:m] 스뜨리-임
26	가	가버너, 통치자, 지배자, 주지사	명	**governor** [gʌ́vəɹnəɹ] 가버너

27	너	너더분함, 지저분함, 어수선함, 혼란, 난잡	명	**mess** [mes] 메스
28	희	희생물, 먹이, 밥, 전리품	명	**prey** [prei] 프레이
29	에	에비든트, 분명한, 명백한, 뚜렷한	형	**evident** [évidənt] 에비든트
30	게	게스, 추측하다, 추정하다, 짐작하여 말하다	동	**guess** [ges] 게스

31	주	주이시, 유대인의, 유대인 같은	형	**Jewish** [dʒúːiʃ] 주-이시
32	는	언플레전트, 불쾌한, 기분 나쁜	형	**unpleasant** [ʌnplézənt] 언플레즌트

33	것	거동, 행동, 행실, 동작, 품행	명	**behavior** [bihéivjəɹ] 비헤이벼
34	은	은퇴하다, 물러나다, 퇴직하다	동	**retire** [ritáiəːɹ] 리타이어-

35	세	세크러테리, 비서, 서기, 사무관, 비서관	명	**secretary** [sékrətèri] 세크러테리

36	상	**상이한,** 다른, 서로 다른, 여러 가지의	형	**different** [dífərənt] 디뻐런트
37	이	**이슈,** 논쟁, 토론, 발행, 발행물, 유출	명	**issue** [íʃuː] 이슈-
38	주	**주장하다,** 우기다, 고집하다, 강요하다	동	**insist** [insíst] 인시스트
39	는	**언해필리,** 불행하게, 비참하게	부	**unhappily** [ʌnhǽpili] 언해필리
40	것	**거들다,** 돕다, 원조하다, 조력하다	동	**assist** [əsíst] 어시스트
41	과	**과녁,** 표적, 목표, 목적물, 대상	명	**target** [táːrgit] 타-깃
42	같	**같은,** 마찬가지의, 동일한	형	**same** [seim] 세 임
43	지	**지프,** 잠그다, (입을) 다물다	동	**zip** [zip] 집
44	아	**아이들,** 게으른, 한가한, 태만한, 놀고 있는	형	**idle** [áidl] 아이들
45	니	**~이므로,** 때문에, ~한 이유로		**because of ~** 비커오즈 어브
46	하	**하나님을 찬송하라,** 찬송하는 노래	감	**hallelujah** [hæ̀ləlúːjə] 핼럴우-여
47	니	**니드,** 반죽하다, 개다, 주무르다	동	**knead** [niːd] 니-드

48	라	라키, 로키, 튼튼한, 바위 같은, 암석이 많은	형	**rocky** [ráki / rɔ́ki] 라키 / 로키

49	너	너싱 빠더, 수양아버지		**nursing father** 너얼싱 빠더
50	희	희망 없는, 가망 없는, 절망적인	형	**hopeless** [hóuplis] 호우플리스
51	는	언해피니스, 불행, 불운, 비참	명	**unhappiness** [ʌnhǽpinis] 언해피니스

52	마	마치, 행진, 행군, 보조, 행진곡	명	**march** [mɑːrtʃ] 마-치
53	음	음률, 선율, 멜로디, 아름다운 곡조, 가락	명	**melody** [mélədi] 멜러디
54	에	에퍽, 시대, 획기적인 시대	명	**epoch** [épək / íːpɔk] 에퍽 / 이-폭

55	근	근면한, 부지런한, 애쓰는, 공들인	형	**diligent** [dílədʒənt] 딜리즌트
56	심	심한, 극도의, 최대의, 맨 끝의	형	**extreme** [ikstríːm] 익스츠리-임
57	하	하드십, 고난, 어려움, 고초, 곤란	명	**hardship** [hɑ́ːrdʃip] 하-드십
58	지	지각하다, 느끼다, 만지다	동	**feel** [fiːl] 삐-일
59	도	도네이러, 기부자, 기증자	명	**donator** [dóuneitər] 도우네이러

| 60 | 말 | 말을 하지 않다, 함구하다, 입을 다물다 | keep silent
키입 사일런트 |
| 61 | 고 | 고용, 일, 일자리, 약속, 약혼 | (명) engagement
[engéidʒmənt]
엔게이지먼트 |

62	두	두 더 룸, 방을 청소하다	do the room 두 더 루움
63	려	(전화에서) 여보세요?	Who is speaking? 후 이즈 스삐킹
64	워	워크, 일, 작업, 노동	(명) work [wəːʌk] 워 - 크
65	하	하룻밤을 보내다, 일박하다	stay overnight 스떼이 오버나잇
66	지	지출, 소비, 씀씀이, 경비, 비용	(명) expenditure [ikspéndit∫əʌ] 익스펜티쳐
67	도	도우즈, 그것들, 그 사람들, 그 사물들	(대) those [ðouz] 도우즈

| 68 | 말 | 말하기, 연설, 담화 | (명) speaking
[spíːkiŋ]
스삐-킹 |
| 69 | 라 | 라이크, ~처럼, ~같이 | (전) like
[laik]
라이크 |

색인

AFRICA

Algeria	Angola	Benin	Botswana	Burkina Faso	Burundi	Cameroon	Cape Verde
...pt	Equatorial Guinea	Eritrea	Ethiopia	Gabon	Gambia	Ghana	Guinea	Guinea-Bissau	Ivory Coast
...eira	Malawi	Mali	Mauritania	Mauritius	Morocco	Mozambique	Namibia	Niger	Nigeria
...alia	South Africa	South Sudan	Sudan	Swaziland	São Tomé and Príncipe	Tanzania	Togo	Tunisia	Uganda

ASIA

Afghanistan	Armenia	Azerbaijan	Bahrain	Bangladesh	Bhutan	Brunei	Cambodia
...an	Iraq	Israel	Japan	Jordan	Kazakhstan	Kuwait	Kyrgyzstan	Laos	Lebanon
...Korea	Oman	Pakistan	Palestine	Philippines	Qatar	Saudi Arabia	Singapore	South Korea	Sri Lanka
...ab Emirates	Uzbekistan	Vietnam	Yemen				

AUSTRALIA & OCEANIA

American Samoa	Australia	Fiji
...all Islands	Nauru	New Zealand	Palau	Papua New Guinea	Samoa	Solomon Islands	Tonga	Tuvalu	Vanuatu

...larus	Belgium	Bosnia and Herzegovina	Bulgaria	Croatia	Cyprus	Czech Republic	Denmark	England	Estonia
...ngary	Iceland	Italy	Kosovo	Latvia	Liechtenstein	Lithuania	Luxembourg	Malta	Moldova
...rtugal	Republic of Ireland	Republic of Macedonia	Romania	Russia	San Marino	Scotland	Serbia	Slovakia	Slovenia

NORTH AMERICA

...d Kingdom	Vatican City	Wales		Antigua and Barbuda	Barbados	Bahamas	Belize	Canada
...enada	Guatemala	Haiti	Honduras	Jamaica	Mexico	Nicaragua	Panama	Puerto Rico	Saint Kitts and Nev...

SOUTH AMERICA

맞춤형
무릎 기도문 시리즈

30일 작정 기도서

기도가 답입니다! -그런데 그 기도는 구체적이어야 합니다.

자녀를 위한
무릎기도문

가족을 위한
무릎기도문

자녀축복
안수기도문

재난재해안전
무릎기도문-자녀용

아가를 위한
무릎기도문

태아를 위한
무릎기도문

남편을 위한
무릎기도문

아내를 위한
무릎기도문

태신자를 위한
무릎기도문

새신자를 위한
무릎기도문

교회학교 교사
무릎기도문

재난재해안전
무릎기도문-부모용

망망한 바다 한가운데서 배 한 척이 침몰하게 되었습니다.
모두들 구명보트에 옮겨 탔지만 한 사람이 보이지 않았습니다.
절박한 표정으로 안절부절 못하던 성난 무리 앞에 급히 달려 나온 그 선원이
꼭 쥐고 있던 손바닥을 펴 보이며 말했습니다.
"모두들 나침반을 잊고 나왔기에 … "
분명, 나침반이 없었다면 그들은 끝없이 바다 위를 표류할 수밖에 없을 것입니다.

삶의 바다를 항해하는 모든 이들을 위하여 우리는 그 나침반의 역할을 하고 싶습니다.
우리를 구원하신 위대한 주 예수 그리스도를 널리 전하고 싶습니다.

"하나님은 모든 사람이 구원을 받으며 진리를 아는 데에 이르기를 원하시느니라"
(디모데전서 2장 4절)

첫말잇기 온가족 영 단어·성구 암기장

지은이 | 박남규
발행인 | 김용호
발행처 | 나침반출판사

1판 발행 | 2015년 2월 25일

등 록 | 1980년 3월 18일 / 제 2-32호
주 소 | 157-861 서울 강서구 염창동 240-21
        블루나인 비즈니스센터 B동 1607호
전 화 | 본   사(02)2279-6321
        영업부(031)932-3205
팩 스 | 본   사(02)2275-6003
        영업부(031)932-3207

홈페이지 | www.nabook.net
이 메 일 | nabook@korea.com
        nabook@nabook.net

ISBN 978-89-318-1494-1
책번호 다-1426

값은 뒷표지에 있습니다.